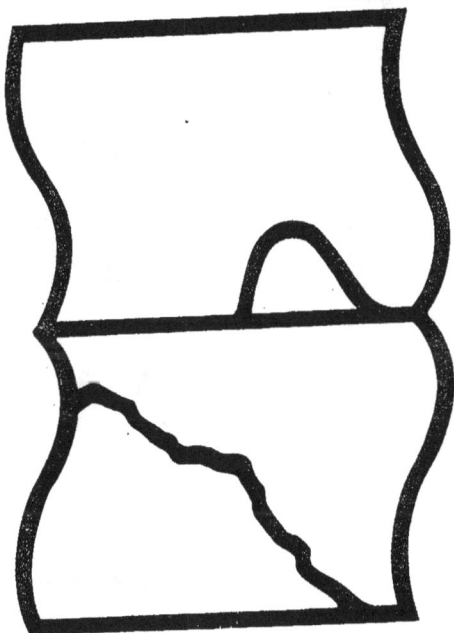

Texte détérioré — reliure défectueuse

NF Z 43-120-11

Contraste insuffisant

NF Z 43-120-14

Reliure serrée

BIBLIOTHÈQUE DES ÉCOLES ET DES FAMILLES

EDGAR QUINET

HISTOIRE
D'UN ENFANT

Ouvrage illustré de 10 gravures

PARIS
LIBRAIRIE HACHETTE ET Cⁱᵉ
79, BOULEVARD SAINT-GERMAIN, 79

HISTOIRE
D'UN ENFANT

COULOMMIERS
Imprimerie Paul BRODARD.

BIBLIOTHÈQUE DES ÉCOLES ET DES FAMILLES

HISTOIRE
D'UN ENFANT

(HISTOIRE DE MES IDÉES)

PAR

EDGAR QUINET

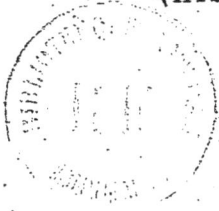

OUVRAGE ILLUSTRÉ DE 11 GRAVURES

PARIS
LIBRAIRIE HACHETTE ET Cie
79, BOULEVARD SAINT-GERMAIN, 79
1903

HISTOIRE

D'UN ENFANT

INTRODUCTION[1]

I

Qu'ai-je voulu faire? qu'ai-je fait? quoi! est-ce bien là une vie d'homme! si rapide, si éphémère!

Où sont tant de poèmes imaginés, tant d'ouvrages conçus, tant de beaux plans qui n'ont pas laissé de trace?

Voilà mon obole, lecteur! Telle qu'elle est, je te la donne. Reçois-la du même cœur que je te l'envoie.

Je crois voir aujourd'hui d'un œil impartial les œuvres sorties de mon cœur. Ah! combien elles m'ont coûté de puériles inquiétudes, de plus vaines attentes, lorsque je les ai publiées pour la première fois! Et maintenant je les regarde de sang-froid, comme si elles m'étaient étrangères. La plupart de ceux qui m'ont encouragé dans mes commencements ne sont plus. Ceux qui accueillaient ces ouvrages

1. Edgar Quinet, exilé depuis 1851, publia l'*Histoire de mes Idées* en 1858. Cet ouvrage paraît sous la forme actuelle conformément à une disposition testamentaire de Mme Edgar Quinet.

avec amitié, ou comme une espérance, sont morts ou ils ont changé. Le temps du jugement est venu pour nous tous; temps de glace, de silence, où il reste peu de choses à espérer. On se sent dégagé de la crainte par l'indifférence du monde.

Dans cet intervalle, j'ai appris une chose dont je voudrais te convaincre. Le plus grand bonheur de l'homme, le seul qui résiste à l'épreuve, c'est de donner un gage à ses convictions. Tout le reste est éphémère. Les mots les plus éloquents sont écrits sur le sable, quand ils ne sont pas soutenus par la vie.

Ce que j'ai dit dans ces volumes, je veux le réaliser dans les jours qui me restent, car il m'a toujours semblé que c'est anticiper sur la mort et sur la dissolution, que de parler dans un sens et d'agir dans un autre.

Occupé chaque jour à ma tâche, j'ai vécu comme ceux qui sont courbés sur leur ouvrage. Ils n'ont pas le temps de s'informer de ce que les autres en pensent. Ils vont, ils continuent jusqu'à ce que l'ouvrage tombe de leurs mains. Malheur à eux si à ce moment ils s'arrêtent pour demander l'opinion du monde! C'est alors que leur sérénité se perd pour toujours. Leur récompense était leur œuvre, le développement moral de leur être dans toute sa plénitude. N'ont-ils pas joui par avance de la profondeur des cieux? Qu'ont-ils besoin d'une autre récompense?

Si quelque chose mérite de subsister dans ces ouvrages, j'ai gagné ma journée. C'est à eux maintenant, non à moi, de plaider leur cause. C'est leur affaire; qu'ils s'en acquittent avec honneur. Sinon, il est juste que tout périsse d'un seul coup.

Et quelle bonne consolation que la justice!

Que puis-je attendre de ma vie d'écrivain, qui ne m'ait

été déjà pleinement accordé? J'ai profité des jours, des
années qui m'ont été donnés pour vivre dans la familiarité
des grands esprits de tous les temps.

Ces bons génies qui ont illustré le monde ne m'ont point
dédaigné. Sans me demander mes titres, qui j'étais, d'où je
venais, ils m'ont admis dans leur compagnie. Ils m'ont
ouvert leurs volumes; ils m'ont laissé lire dans leurs
pensées, dans leurs secrets; ils m'ont laissé m'abreuver de
leur douce science; j'ai oublié dans cette occupation les
mauvais jours qui s'étendaient sur moi.

Bien plus, j'ai osé marcher sur leurs traces, et ils ne m'ont
point repoussé. Voyant leur indulgence, j'ai imité d'abord
en balbutiant et plus tard avec un peu plus d'assurance leurs
audaces. J'ai osé moi aussi vivre de leur vie, de cette vie
ailée, magnifique, toute-puissante par laquelle ils disposent
en souverains de la réalité. Comme eux j'ai osé faire profession de penser. J'ai joui de l'intimité des choses. J'ai
conversé avec les idées, embrassé le possible; car dans ces
moments, je m'oubliais moi-même, et en suivant le beau
cortège des intelligences qui m'ont précédé, j'ai joui comme
elles de l'univers moral dont elles m'avaient ouvert l'entrée.
Le monde ne m'a pas souri, mais elles ont eu pitié d'une
si grande soif de vérité, de lumière, de beauté; elles m'ont
jugé sur mon amour et non sur ma puissance.

Voilà comment j'ai vécu, et quand les temps d'isolement
sont venus pour moi, quand, relégué parmi des étrangers,
tout ce que j'aimais parmi les choses, les lieux, les
hommes, les souvenirs, a disparu à la fois, je ne me suis
point trouvé seul. Les mêmes compagnons immortels qui
avaient embelli pour moi les beaux jours ont tempéré les
mauvais. Puissances vraiment hospitalières qui ne refusent

jamais leur foyer à celui qui les implore avec sincérité! Je
les ai retrouvées les mêmes par delà les frontières! Il est
donc vrai que ces invisibles sont plus fortes que toutes les
dominations du monde.

Quel silence s'est fait autour de moi! Il est plus grand
que je n'eusse jamais imaginé. A peine un voyageur franchit
le seuil de ma maison en une année. Si ma pensée arrive
encore aux oreilles de quelques hommes, c'est ce que j'ignore
entièrement. Les voilà donc arrivés ces jours décolorés, nus,
sans écho, sans lumière, tels que je les avais pressentis
depuis si longtemps! Mais je serais ingrat si je disais que ces
jours-là sont stériles pour moi. Au contraire, une joie intérieure, secrète, inexplicable, inconnue me possède. A
n'envisager que moi, ces temps sont assurément les meilleurs,
les plus remplis, les plus heureux de ma vie.

Si j'en veux trouver la raison, je vois d'abord que je n'ai
point cherché le bruit, la fumée dans les lettres; mais les
ayant cultivées pour elles seules, elles m'en récompensent
aujourd'hui par la douce compagnie qu'elles me font. Voilà
une première explication. Il y en a d'autres, et celles-ci me
touchent de plus près.

Ce silence, en effet, cette nuit profonde qui m'enveloppe,
il dépend de moi d'en tirer avantage. Et déjà que ne leur
dois-je pas? En premier lieu, l'affranchissement de toutes les
vaines occupations dans lesquelles se consume la vie. Plus
de simulacres d'affections! Plus d'amitiés de hasard, ou
trompeuses, ou éphémères. Celles-là se sont envolées au
premier souffle, plus légères que la poussière dans le van du
vanneur! Les seules affections solides, éternelles sont
demeurées au fond, et la fortune a fait ainsi pour moi le
choix que peut-être je n'eusse jamais su faire. Que d'aimables

sourires je ne reverrai plus! Mais pour ceux-là comme ils
ont été fugitifs! Si je revoyais la France, que de tombeaux,
hélas! je retrouverais! Que de places vides déjà! Je ne
pourrais faire un pas sans me sentir le cœur saigner. Où
sont ceux qui étaient pour moi ma vie même? Je les cherche-
rais en toute chose et je ne les trouverais plus. Mes amis me
reconnaîtraient-ils, tant l'homme change en peu d'années!
La fortune a bien fait ce qu'elle a fait, et je l'en remercie.

D'ailleurs comptons ce qui me reste. Le silence, ai-je dit.
Ajoutons-y la paix, la sérénité, la joie de la conscience, tout
ce que l'on dit être le privilège d'une mort bienheureuse.
J'en jouis dès à présent.

Irais-je volontairement changer tous ces biens contre une
vie informe qui n'aurait que l'apparence? N'attendant plus
rien de personne, je jouis d'une indépendance que je ne
connus jamais. D'ici je vois, à travers une mort anticipée,
tout ce que j'ai quitté. J'aperçois comme sur une autre rive
lointaine des hommes, des choses auxquels je ne puis plus
me mêler autrement que par la pensée. Dans cet éloignement
tout prend sa place légitime. On m'a affranchi des petites
choses. Les grandes seules se montrent et apparaissent encore
par leurs cimes. Je suis libre. Ce que jamais je n'eusse pu
gagner par la philosophie, je le dois à la nécessité.

Quelle meilleure occasion attendrais-je pour jeter un regard
sur ce peu de jours troublés que j'ai parcourus si vite? Ne
dois-je pas à ceux qui m'ont suivi jusqu'à ce moment de
leur dire au moins en traits généraux comment j'y suis arrivé,
par quelles différentes époques j'ai passé (car l'insecte lui-
même a les siennes)? Quelle sorte d'éducation j'ai reçue des
choses, des événements, comment s'est formée en moi cette
pensée telle quelle qui me tient lieu du monde à mesure

qu'il m'échappe? Et si cela n'intéresse personne, si nous
sommes devenus tellement étrangers les uns aux autres, que
la formation, l'éducation d'une âme soit chose parfaitement
indifférente à toutes les autres, au moins cela m'intéresse,
moi! Il me plaît de tourner la tête en arrière et de regarder
en face les temps d'orage, aujourd'hui que je suis arrivé
dans ce beau port de l'exil, où toute ma vie, je le reconnais
à présent, me poussait voiles déployées.

Et si par hasard (ce qu'à Dieu ne plaise!) je m'abandonnais
à mon tour, si moi-même, enseveli vivant, je ne m'intéressais
plus à moi, Tu les lirais ces pages, Toi à qui je les adresse,
parce qu'elles ne renferment pas un mot qui ne soit la vérité;
Toi à qui je dois de vivre, Toi qui m'as donné dans l'adver-
sité mes meilleurs jours, ceux que je voudrais éternels!

II

Une crainte m'a longtemps arrêté, celle du reproche banal
d'amour-propre, à quiconque parle de soi. Je n'ai passé outre
qu'après avoir mis ma conscience en règle sur ce point, et
voici une des réflexions qui m'y ont le mieux servi. Tous les
jours on analyse, on étudie dans leurs commencements les
créatures les plus infimes, un insecte, une fourmi, un ciron.
Ne veut-on pas savoir comment ils sont éclos, sous quel
souffle créateur leurs membres engourdis se sont développés,
comment leurs instincts se sont produits au monde? Pourquoi
ne ferions-nous pas pour nous-mêmes, sans une forfanterie
trop insigne, ce que nous faisons pour le moindre vermisseau?

Bel orgueil, en vérité, de se chercher si près de terre, non
pour publier sa propre apologie, mais pour se rendre compte

de son existence, pour se découvrir soi-même dans sa nudité
d'âme et d'esprit et dans son imperceptible origine!

Je voudrais que tout homme qui s'est communiqué au
public entreprît un travail analogue sur lui-même. De toutes
ses œuvres, j'en suis convaincu, ce serait la plus utile aux
autres. Quelle importance n'aurait pas pour l'éducation un
certain nombre de ces simples histoires, dans lesquelles
chacun montrerait avec sincérité et, s'il se peut, avec ingénuité, sous quelle forme le monde s'est révélé à lui dans le
paradis de ses premiers jours (et chaque homme a eu le sien),
par quels côtés la création lui a apparu d'abord, pourquoi
telle petite cause a produit chez lui de grands effets, comment
l'histoire humaine s'est trouvée réfléchie et enveloppée dans
son horizon de ver de terre! Peut-être est-ce le seul moyen
de s'élever plus tard à des conclusions qui ne soient ni imaginaires, ni systématiques. Car enfin qui nous apprendra ce
que les choses, les hommes, la nature, la vie, ont été pour
nous à l'origine, si nous ne voulons pas le dire nous-mêmes?

Autant que possible nous interrogeons chaque être autour
de nous quand il arrive à la lumière. D'où sort-il? Par quel
chemin s'est-il introduit jusqu'à nous?

Presque tous sont muets et nous n'en tirons aucune
réponse. Ah! si un insecte pouvait parler et nous dire :
« Voilà par quels efforts je me suis débarrassé des langes et du
linceul où j'étais renfermé. Voici ce que j'ai appris dans mon
âge heureux de chrysalide; puis voici de quelle manière le
monde, la vaste capacité des cieux et vous-mêmes, m'êtes
apparus, sitôt que j'ai commencé à ouvrir mes mille yeux et
à ramper sur la terre! » Prendrions-nous cet aveu pour un
triomphe de vanité? Ce serait la nature des choses qui parle-
rait sous l'herbe. Insensé qui refuserait de l'entendre.

Et nous, ne répondrons-nous rien à qui nous interroge? Mais qu'avons-nous à répondre si nous ne pouvons nous expliquer nous-mêmes? Or cette explication est dans les premiers événements qui nous ont fait ce que nous sommes.

Je puis sentir, il est vrai, du plaisir à revenir sur mes premiers commencements, puisque je ressaisis une partie des jours qui m'échappent; mais je ne puis sentir en conscience aucun orgueil de me voir si chétif dans ma faiblesse, dans mon ignorance première; et comme je suis certain de ce que je viens de dire, je m'enhardis à continuer.

III

Quelle règle suivrai-je en recueillant mes souvenirs?

La réponse [1] que J.-J. Rousseau a faite à une question semblable a été pour moi une triste découverte. Quelle n'a pas été ma surprise lorsque je l'ai vu appliquer son génie à rechercher en combien de cas il lui a été permis de déguiser la vérité dans ses récits! Et les cas où il admet ces déguisements comme licites sont si nombreux, que l'on ne sait plus quelle place il laisse à la réalité. Il admet que l'on peut sans mentir donner comme vrai ce qui ne l'est pas dans tous les cas qui suivent :

Pour *broder les circonstances*;

Pour les *exagérer*, les *amplifier*, les *outrer*;

Pour *remplir par des faits controuvés les lacunes des souvenirs*;

Pour prêter à la vérité des *ornements étrangers*;

1. Quatrième promenade.

Pour dire les choses oubliées comme il semble qu'elles ont dû être.

Les raisons qu'il allègue contre un reste de scrupule sont : le *plaisir d'écrire*, le *délire de l'imagination*, ou ce qui s'appellerait plus exactement le besoin de produire de l'effet. Quant à la théorie dont il couvre ces motifs, elle se réduit à dire qu'il y a deux sortes de vérités, les utiles et les indifférentes.

Le devoir qui engage envers les premières n'engage nullement envers les secondes. Déguiser celles-ci n'est point mensonge, mais fiction, d'où la possibilité de rester vrai tout en débitant une foule de faits controuvés que l'on donne pour des réalités.

Où s'arrêter dans cette permission effrayante de mettre le faux à la place du vrai? Sacrifier la vérité à l'effet; que peut-il sortir de ce principe nouveau porté dans la société, dans la vie? Je me le suis souvent demandé, au point de vue général. Il s'agit pour moi aujourd'hui de faire à cette singulière question une réponse pratique.

Userai-je de la permission de mêler le vrai et le faux, si bien qu'il n'y ait plus ni vérité, ni mensonge? M'autoriserai-je d'un grand exemple pour inventer des détails, faire des additions, broder les circonstances? Je ne ferai rien de cela parce que ce mélange me déconcerte et me glace d'avance. A peine si je conçois qu'on y puisse trouver le moindre contentement.

Je m'attachais aux choses que vous me racontiez en me les présentant comme véritables. Depuis que je sais qu'une partie est controuvée, je m'occupe de discerner le vrai du faux sans pouvoir trouver la limite de l'un et de l'autre! Je crains d'être dupe. Je sens même que je le suis infailliblement. Cela m'ôte toute sécurité et la moitié au moins de mon plaisir.

Qui me dit que la broderie ne l'emporte pas sur le fond?
Dans une histoire privée je tiens aux circonstances autant
qu'aux événements eux-mêmes. Ce sont elles qui donnent à
ces faits leur caractère, leur esprit. Quand j'apprends que
ces circonstances sont de pure invention, je ne sais plus à
quoi me prendre. Il me semble que la vie et la nature même
s'exhalent en rhétorique.

Je ne parle pas de la conscience si évidemment blessée par
cette facilité ouverte au mensonge. Qui vous garantit, en
effet, que ces vérités que vous me déguisez me sont indifférentes? Y en a-t-il de telles dans le monde? Vous vous croyez
en droit de me mentir, parce que cela, pensez-vous, ne me
nuit en rien. Qui vous l'assure? N'est-ce pas me nuire que
m'introduire dans un monde faux où je ne puis m'armer
d'aucune défiance?

Quand vous écrivez un roman et que vous me le présentez
comme tel, je le lis dans l'esprit où vous l'avez conçu. J'ai
sous les yeux une fiction; je le sais et ne puis en être dupe
que si je veux bien l'être; il n'en est pas ainsi quand vous
écrivez l'histoire de votre vie; si vous y mêlez des faits controuvés que vous me donnez pour véritables, vous me faites
un tort réel. Je vous suis avec confiance, les yeux fermés, et
vous abusez de cette confiance pour me tromper. Vous aveu-
glez, vous altérez mon intelligence, en l'asservissant à des
choses dont je n'ai aucun moyen de reconnaître la fausseté.
Vous m'asservissez à vous-même. Je deviens votre jouet.
Vous faussez en moi l'esprit, l'imagination, la raison. C'est
le plus grand mal que vous me puissiez faire. Les seuls livres
dangereux pour moi sont ceux où l'on me donne comme réel
ce qui ne l'est pas.

Telle est la réponse que j'ai trouvée en moi en commençant

ce récit. Je l'écrirai donc sans aucun ornement étranger, sans broder aucune circonstance, à bien plus forte raison sans en inventer une seule. Dans ces conditions, ce que nous appelons l'art est-il possible? Nous avons contracté un tel besoin de faux, que nous voulons être trompés, même dans les choses qui n'ont de valeur que par la véracité. Est-il possible d'intéresser par un récit qui ne contienne que la vérité exacte sans aucune invention de détail? Je l'ignore. Et qu'importe? Je puis bien en faire l'essai, puisque je n'écris plus guère aujourd'hui que pour moi-même.

En quoi la fiction même la plus belle pourrait-elle me plaire dans un pareil sujet? Ne vaudrait-il pas cent fois mieux se donner carrière dans un roman, un drame, un poème? Si je reviens à ce passé, c'est pour revivre de ma propre vie. Veux-je donc me tromper moi-même pour le plaisir de me tromper? Non, je veux me donner le plaisir de la vérité. Tout ce qu'on va lire sera d'une exactitude scrupuleuse. J'en écarterai même la forme du dialogue, car il est trop difficile de se souvenir de chaque parole après tant d'années, et je veux qu'ici les paroles soient aussi sincères que les choses.

PREMIÈRE PARTIE

—

I

Je suis né à Bourg en Bresse[1] le 17 février 1803. Un magnifique jardin, celui de *Fenille*, plein des arbres les plus rares, s'étendait sous nos fenêtres; il m'apparaît aujourd'hui comme un Éden. J'étais si chétif, en venant au monde, surtout si pâle, qu'il ne semblait pas que je pusse vivre. Ma mère, quoique calviniste, me laissa baptiser dans le catholicisme, seul culte pratiqué dans le pays. L'ignorance de nos provinces, qui confondaient les juifs et les protestants, lui avait été intolérable.

Mon premier chagrin date de ma deuxième année. Ma bonne Catherine se fiança. Je l'adorais. Mes cris, mon désespoir ne purent la retenir, ni même obtenir un sursis. Elle se maria et me quitta. Je faillis en mourir. On crut que peu de jours calmeraient mon désespoir, et rien ne fut épargné pour me distraire. Les jours, les mois, se passèrent; ma désolation ne faisait qu'augmenter. Le mal en vint au point que ma mère ne pardonna jamais à mon infidèle de ne

---

1. Des biographes allemands, qui ont bien voulu s'occuper de moi, me font naître à Strasbourg, sur la ressemblance du nom; le reste à l'avenant.

s'être pas laissé fléchir par une si belle passion. Quoiqu'elle l'aimât beaucoup, elle ne voulut la revoir de sa vie; après quelques années nous faisions encore de grands détours pour éviter de passer à sa porte.

Mon père était alors commissaire des guerres à l'armée du Rhin. Il fut décidé que nous irions lui faire visite. J'étais dans ma troisième année. Nous partîmes pour ce long voyage avec la fidèle Madeleine. Fidèle, ai-je dit; en effet, cette constance dure encore après cinquante ans.

Dans les premiers jours de mon exil à Bruxelles, je fus reçu par une dame inconnue. « Votre plus vieille amie, me dit-elle, en entrant. Ne la connaissez-vous pas? Je suis Madeleine. » Ce nom me ramena en un clin d'œil à ce passé d'un demi-siècle. Pendant que j'écris, elle est ici près de moi, mon témoin pour ces jours éloignés, et mon guide là où ma mémoire hésite.

Nous passâmes tout le printemps de 1806 à Paris. Chaque matin, ma mère me conduisait du quartier des Tuileries au Jardin des Plantes, sous le grand cèdre; nous y restions une partie du jour. Aucun souvenir ne me reste de cette première vue de Paris. Mais j'ai le sentiment assez distinct du voyage, lorsque blotti au fond de la voiture, tout à moi-même, je jouais avec un affreux poupart rembourré de son, en carrick à galons d'argent, dont notre vieux tailleur boiteux m'avait fait présent au départ et que je mettais cent fois au-dessus de tout ce qui s'offrait à mes yeux. Nous traversâmes Bruxelles où je devais être confiné un demi-siècle après.

Mes souvenirs se réveillent à Cologne. Nous y fîmes notre entrée par une pluie battante, et le timon de la voiture se brisa dans le faubourg. Ma mère et moi nous nous mîmes à la recherche d'un abri; tout était encombré par je ne sais quel synode ecclésiastique; nous errions, sans pouvoir nous faire comprendre. Ayant perdu mes deux souliers dans la

Dans ce palais on ne voyait que des soldats.

pluie, je marchais pieds nus sur le pavé, avec de l'eau
à mi-jambe. Ma mère était au désespoir, ma bonne humeur
dans cet ouragan la soutint. Enfin, le domestique se retrouva
et nous eûmes un gîte.

Wésel était la ville où se trouvait mon père. Nous y arrivâmes, je ne sais comment. Ce que je me rappelle fort bien,
c'est la vie toute nouvelle que j'y menais, très à mon gré.
Nous habitions un palais du prince de Prusse, et dans ce
palais, on ne voyait que des soldats traînant des sabres.
C'étaient des cavaliers revenus d'Austerlitz, qui me prirent
en grande estime, aussi ne pouvait-on plus me séparer d'eux.
Je mangeais avec eux leur soupe, à la gamelle; quand ils
allaient au fourrage, j'y allais avec eux, à mon rang. Car
j'avais deux grands moutons bridés, harnachés, qui me ser-
vaient de chevaux. Pour chacun d'eux, on me distribuait
deux bottes de foin, deux bottes de paille, que je liais et
accommodais avec le plus grand soin, en travers de mes
montures. Après quoi, les tenant par la bride, au son de la
trompette, je revenais avec le régiment; je faisais la litière,
je garnissais le râtelier, j'étrillais les bêtes, puis je rentrais
le plus tard possible.

Combien de temps dura cette vie, c'est ce qui m'échappe
entièrement. Cependant elle finit à mon grand regret et à
celui de notre vieille portière, bonne Allemande, dont je vois
encore les larmes au moment où nous partîmes. Nous
revînmes par le Rhin dont les grandes eaux me frappèrent,
par Strasbourg et par Colmar, où nous nous arrêtâmes quelques semaines chez le général Puthod. Nous rentrâmes à
Bourg au commencement de 1807. Sans attendre le printemps, nous allâmes nous établir à la campagne, dans notre
rustique, inaccessible, incomparable Certines.

II

Certines était assurément alors un des points les plus
retirés, les plus cachés qui fussent en France, et peut-être en
Europe. J'imagine que l'Irlande seule ou l'Écosse renferme
de ces sortes de déserts. Au couchant, de vastes forêts de
chênes, où nous nous perdions quelquefois des jours entiers,
de grands étangs qui me semblaient des lacs, enveloppés
d'ombre; au levant, à trois quarts de lieue au plus, un rideau
de montagnes qui me paraissaient inaccessibles, le Revermont, premier gradin du Jura et des Alpes; entre les forêts
et la montagne, des bruyères, des taillis, des vernets, des
verchères, des savanes, de petits pâturages, de vastes plaines
de blé; un horizon de paix, de silence éternel; un air, celui
des maremmes, plein de langueur; au-dessus de cet océan de
genêts, de bruyères et de seigle, sur un monticule, notre
maison ombragée de cerisiers dont les branches tendaient
leurs fruits jusque dans l'intérieur des chambres et principalement dans la mienne. La maison, très vieille, appartenait
à ma famille depuis le XVIᵉ siècle. Mon père y avait
ajouté deux pavillons aux toits d'ardoise, à colonnes et à
plein cintre, qui égayaient le fond triste, gothique du corps
de logis. Au milieu des acacias, des peupliers, des pommiers,
des noyers, cette maison était cachée comme un nid. Deux
fermes en dépendaient, et comme le sol avait peu de valeur,
on s'était donné le plaisir d'accroître l'héritage d'une grande
étendue de terrain, dont une partie même était en friche.

A Wésel, j'avais vu les vainqueurs d'Austerlitz. A Certines, quel changement de vie! Et comme je m'y accoutumai
vite! Ma joie suprême était d'aller au soleil levant mois-
sonner avec les moissonneurs dans les vastes étangs changés
en terres de blé ou d'avoine au milieu des grands bois. On

craignait pour moi l'ardeur du soleil et la fièvre presque inévitable dans nos maremmes. On crut d'abord agir très sagement de ne pas me réveiller à l'heure où partaient les moissonneurs. Quand je vis qu'ils étaient partis, que le travail se
faisait sans moi, que le mal était irréparable, j'en éprouvai
une telle désolation, je devins si pâle, je fus si mortellement,
si profondément anéanti, que ma mère jugea que mal pour
mal, il valait encore mieux affronter la fièvre, et elle fit bien.

Depuis ce jour-là, je menai exactement la vie d'un paysan.
Avec ma petite faucille, je moissonnais dans mon sillon; on
ne me permettait pas d'emporter ce que j'avais moissonné.
Je ne devais regarder comme mien que ce que j'avais glané.
Mais de ces glanures, je faisais des gerbes qui m'appartenaient. Je dressais moi-même mon aire; je battais mon blé.
Je l'enfermais dans un sac; je l'envoyais au moulin. Et quel
moment, lorsque je recevais en retour une blanche farine! Je
la pétrissais en gâteaux, et je les faisais cuire dans un petit
four que j'avais construit avec de belles briques sur une
moitié de cerceau, pour dessiner et soutenir la voûte.

Dans cette liberté des champs, il y avait autre chose qu'un
amusement. Je faisais un travail véritable, exténuant même,
qui me rendait sacré le travail d'autrui. Combien je respec-
tais le sillon couvert d'épis de seigle, les prés rares, jonchés
de fleurs, et à plus forte raison le bouvier qui le soir ramenait sa charrue! Car ma mère ne perdait pas une occasion de
m'inculquer le respect de la nature humaine, dans le laboureur, dans le moissonneur, le semeur, le faucheur, auquel
j'étais si loin de pouvoir atteindre! Quelquefois même le
résultat dépassait de beaucoup son intention. En voici un
exemple.

J'avais pour compagnon inséparable un petit paysan,
nommé Gustin, plus âgé que moi de trois ou quatre ans et
beaucoup plus fort. Malgré cette différence d'âge et de force,
Gustin se soumettait à toutes mes volontés, comme s'il eût

été né pour obéir. Cette habitude de commander sans raison
me dénaturait. J'ordonnais pour le seul plaisir d'être obéi. Ma
mère résolut de mettre fin à ce despotisme en herbe. Elle
nous fit comparaître tous les deux devant elle, pour donner à
Gustin une leçon de fierté, et à moi d'équité. Après m'avoir
réprimandé sur ma manie de faire perpétuellement le maître,
elle nous dit gravement que Gustin n'était pas né pour obéir à
mes fantaisies; il était mon égal, mon ami, non mon servi-
teur; elle entendait bien que nous changerions entièrement de
conduite à l'avenir.

Le barbare ne la comprit que trop; le lendemain, comme
nous étions au bois, et qu'il se sentit fatigué, il ôta ses sabots
et m'ordonna de m'en charger.

J'avais quatre ans; j'obéis. Nous arrivâmes ainsi devant
ma mère, moi portant humblement les deux sabots de Gustin
(et ils n'étaient pas légers), Gustin tout fier de me voir
tout essoufflé et rendu sous le faix; et pourtant c'était le plus
honnête, le doux garçon du village. Ainsi cette première leçon
d'égalité n'avait fait que déplacer le tyran; combien de fois de
grands événements m'ont forcé de me la rappeler!

Sitôt que je fus assez grand, ma première ambition fut de
garder les bœufs, en compagnie des *carats* dans les verchères,
puis bientôt les chevaux dont j'appris à nouer et à dénouer les
entraves de fer. Pendant ces longues heures nous apprenions
à distinguer de loin, au vol, à leur manière de se poser dans
les haies, les roitelets, les mésanges, les rouges-gorges, les
tia-tia, nos compagnons ordinaires; et nous nous trompions
rarement. Cela m'est toujours resté. Nous distinguions aussi
le sifflement des couleuvres, très nombreuses, d'avec le chant
des cigales. Cette vie de pasteur dura, je pense, deux ans;
après quoi j'aspirai ouvertement au labourage. J'y parvins à
la fin.

Mon père, toujours en quête d'inventions, avait introduit
et acclimaté des buffles dans ses fermes. Mais leurs figures

J'étais forcé de baisser les yeux pour répondre.

rébarbatives, leurs anneaux de fer dans les narines me repoussaient. Je me consacrai de préférence aux bœufs. J'avais les
miens qui me connaissaient, Bise et Froment, le premier tout
blanc, un peu paresseux, il est vrai, le second, roux,
maigre de l'échine, en revanche rude travailleur. Je les avais
choisis parmi les plus robustes; et quel orgueil de se faire
obéir de ces grands animaux, qui au moindre geste suivaient
mes pas dès que j'appuyais ma longue gaule sur le joug!

Ils ne pouvaient faire un pas sans moi. Je les menais ainsi
à l'abreuvoir, au tombereau, à la crèche, surtout à la charrue.
Car c'est là que je pouvais le plus facilement et le plus longtemps régler mon pas sur le leur, et marcher à côté d'eux,
fièrement, sans courir. Et quelle patience ils me montraient!
Quoique j'abusasse assurément de leur douceur, jamais elle
ne se démentit un seul instant. Aussi en étaient-ils bien
récompensés au bout de chaque sillon. J'allais cueillir des
trèfles verts qu'ils mangeaient dans ma main, en me regardant de cet œil profond où je croyais voir tout l'amour qu'ils
avaient pour un si bon maître. Combien de fois j'ai conduit
ainsi le labourage jusqu'à la dînée! car tout mon plaisir
eût été gâté si mes bœufs eussent obéi à d'autres qu'à moi.
Tout au plus permettais-je au bouvier de les appeler par leur
nom, de loin à loin! Je m'étais réservé à moi seul le droit
de l'aiguillon.

Au retour de la charrue, ma mère m'attendait sur la
galerie pour me faire réciter le personnage d'Éliacin. Elle
jouait elle-même celui d'Athalie avec un sérieux terrible :

> Comment vous nommez-vous?

J'étais forcé de baisser les yeux pour répondre :

> J'ai nom Éliacin.

Autant le labourage me trouvait infatigable, autant je
montrais peu de zèle pour les travaux où mon père m'en-

traînait dans les courtes apparitions qu'il faisait parmi nous !
Avec le goût du progrès qu'il portait en toute chose, il avait
entrepris au milieu de nos marais l'œuvre d'Hercule contre
l'hydre de Lerne. Notre hydre à nous, c'était le marais de
Léchères, qui occupait tout le plat pays. Nous allions dès le
lever du soleil combattre le fléau. Mais là rien n'excitait,
n'éveillait mon imagination. Il s'agissait dans ces longues
savanes, qui couvrent, dit-on, un lac souterrain, d'arpenter le
sol, traîner la chaîne, porter le pied du niveau d'eau, lever,
baisser le point de mire. Ce travail était assurément moins
fatigant que celui du labourage, et pourtant il m'accablait
parce qu'il n'était pas entièrement libre. Je ne savais à quoi
le rattacher. L'utilité de ce desséchement de nos maremmes
était trop loin de moi. Je ne voyais là qu'une corvée dont je
revenais harassé. Outre que l'air fade et douceâtre des nénu-
phars de nos marécages m'alanguissait le cœur sous un soleil
ardent. Dès que je me sentais libre, je courais à l'étable. Je
me reposais sur la crèche, à côté des grands bœufs ruminants,
harassés comme moi. Je retrouvais en un instant, à leur
souffle l'indépendance, la force, la santé. Dans leur compagnie je contractais quelque chose de leur humeur, la douceur,
la patience. Elles ne m'ont manqué absolument que depuis
le temps où j'ai cessé de vivre avec eux. Plus les lieux étaient
incultes, plus ils me plaisaient. J'aurais été désolé que nos
landes, nos bruyères eussent été converties soudainement en
riches champs de blé. On respirait en tout je ne sais quelle
douce sauvagerie primitive qui m'enchantait. On n'entendait
jamais que le bruit des chaînes de fer des chevaux dans le
fond des taillis. Ma mère elle-même cédait à ce charme.
Malgré le souvenir des grands pacages de la Suisse, où elle
avait été élevée, et quoiqu'elle eût un certain dédain pour nos
misères, elle avouait que dans aucun lieu de la terre on ne
trouvait un tel silence, joint à une paix si profonde. Ses
inquiétudes, ses angoisses en étaient apaisées comme par un

baume invisible. Peut-être ce baume qui calmait toute chose
était la mort qui nous enveloppait jusque dans l'haleine des
plantes de nos marais. Nous n'y pensions guère, ni elle ni
moi, et nous en avions la douceur, sans en soupçonner le
danger.

Une terre riche, féconde, où tout eût été à souhait, nous
eût laissés insensibles ; au contraire, nous étions attendris sur
la misère de nos champs de cailloux. Quand en été les troupeaux revenaient sans pouvoir trouver une goutte d'eau dans
le pays, et qu'ils tombaient épuisés sur la terre épuisée comme
eux, nous nous sentions languir aussi. A la première goutte
de pluie, nous renaissions. Après la moisson venait la saison
de la fièvre. Elle s'abattait sur chaque chaumière. Je n'imaginais pas qu'une seule créature pût y échapper ; la première
fois que je vis un papillon se traîner sur la terre, en faisant
trembler ses ailes, je poussai des cris, je crus qu'il avait la
fièvre. Nous allions dans cette saison cueillir de la centaurée
dans les bois, des pensées dans les sillons. Nous distribuions
nos élixirs. Moi-même, je ne tardais pas à être atteint du
fléau. Mais, l'accès passé, nous ne faisions qu'en rire. C'était
là un mal auquel nous ne donnions pas ce nom, tant il était
fréquent et inévitable. Les habitants y opposaient une patience,
une égalité d'âme qui me gagnaient moi-même.

Dans cette profonde retraite, jamais un visiteur, excepté le
bon père Pichon, vieux trappiste qui avait presque oublié la
parole dans un silence de soixante et dix ans. La Révolution
l'avait émancipé, malgré lui, de son couvent, et il ne pouvait
s'accoutumer à la liberté. Fidèle image du catholicisme de ce
temps-là qui commençait à sortir de dessous terre, le père
Pichon, chauve, courbé en deux, allait, la besace sur le dos,
faire la quête de porte en porte ; il bêchait son jardin, il labou-
rait de ses mains son petit champ, ce qui le rendait méprisable
aux yeux des paysans. Ma mère, quoique non catholique,
assistait le dimanche à sa messe, à ses prêches, et m'y condui-

sait avec elle. Cette pauvreté lui plaisait comme un souvenir
de l'Église primitive. En la voyant entrer dans une église qui
n'était pas la sienne, encourager ce bon ermite que l'assis-
tance intimidait, et qui osait à peine ouvrir la bouche, je
n'étais certainement pas frappé de cette conduite comme
d'une chose singulière. Il me semblait tout naturel que les
amis de Dieu se réunissent dans la même église. Sans le
savoir, je prenais là une leçon de charité, de tolérance, qui
s'est inculquée bien profondément en moi.

Quelle bonne église que celle du père Pichon, pauvre, nue,
humble, bègue, ouverte à tous, comme au temps de l'Évan-
gile! Quand j'ai vu plus tard l'intolérance, j'en ai été scanda-
lisé comme d'un schisme. Et cependant, il avait aussi son
intolérance qui lui revenait par intervalles, jusqu'à dire dans
ses sermons, en balbutiant : « Mes chers frères, tous ceux qui
savent lire sont damnés ». Mais il était au fond si humble, si
désarmé, si inoffensif, que ses anathèmes nous faisaient sourire; il s'en apercevait : nous n'en étions pas moins les meilleurs amis du monde.

Ce serait ici l'occasion de rechercher comment, d'où m'est
venue l'idée de Dieu. Quelque effort que je fasse, je ne puis
remonter à ce moment précis. Il m'échappe. Je ne puis
retrouver un seul instant de mon existence où cette idée, du
moins ce nom m'ait été inconnu. Mais si je devais assigner
l'époque où il m'est devenu réellement familier, je la place-
rais dans le doux printemps de Certines, lorsque, au milieu
des fleurs, des abeilles, des demoiselles diaprées voltigeant
sur les roseaux, à l'ombre des tilleuls et des saules, je répondais dans le personnage d'Éliacin :

> Chaque jour je l'implore, ...
> Lui seul est Dieu, madame, et le vôtre n'est rien !

J'entends tous les jours répéter que la religion naturelle
ne peut être une religion vivante, qu'elle laisse sans appui la

nature humaine. Au moins devrais-je dire que j'ai vu à cela une exception bien réelle; car ma mère, qui m'enseigna seule ses croyances, ne me parla jamais d'aucun dogme particulier à une Église. Je reçus d'elle, je ne sais comment, l'idée d'un père tout-puissant qui nous voyait à toute heure, qui veillait sur nous. Il fallait le prier pour en obtenir la sagesse, et nous le priions ensemble, partout où l'occasion se présentait, dans les champs, dans les bois, dans le jardin, dans le verger, jamais à des moments fixés d'avance.

L'éloquence qu'elle mettait dans ces prières, toutes conçues au moment même, était surprenante, lorsqu'à voix basse, partout où l'émotion la saisissait, mais le plus souvent le soir, avant qu'on eût apporté la lumière, elle s'élevait en esprit vers le Père commun. Je n'entendis jamais deux fois la même prière. Chaque jour, chaque soir, la prière changeait, suivant le besoin, les fautes de la journée, les tristesses, les angoisses présentes; car elle m'initiait à toutes ses peines, à toutes ses anxiétés sur l'avenir, et dans ces moments choisis, je comprenais ses chagrins, comme je les comprendrais aujourd'hui. Ces prières étaient des conversations en face de Dieu, sur ce qui nous touchait, elle et moi, de plus près. C'était notre vie de chaque jour exposée, dévoilée devant le grand témoin.

La lumière de ces entretiens célestes était si grande, qu'elle m'enveloppait réellement comme d'une révélation. D'ailleurs jamais un mot d'un rituel quelconque. Jamais une formule officielle d'aucune Église; tout venant de source, de l'effusion d'une âme inspirée. Moi, catholique, je me trouvais ainsi engagé dans une conversation perpétuelle avec Dieu et je n'avais jamais entendu parler d'ange, ni d'Église, à peine du Christ. Comment cela s'accordait-il avec l'Église du père Pichon? Je l'ai déjà fait pressentir. Ma mère trouvait en lui l'innocence de cœur d'un ermite des légendes. Il trouvait en elle le respect que lui refusaient les paysans, et il la donnait en exemple à ses ouailles, comme je l'entendis un jour : « Mes

3

paroissiens, leur dit-il, vous ne trouvez pas mes sermons bien
faits. Prenez exemple de Mme Quinet! Elle a beaucoup
plus d'esprit que vous, sa religion ne l'oblige pas de les
entendre, et pourtant elle n'en manque pas un seul ».

C'était là vraiment le prêtre à la croix de bois, au calice de
bois. Mais nous seuls, dans le pays, l'aimions et le respec-
tions à cause de cette humilité. Pour tous les autres, elle était
un scandale et devint une occasion de mépris.

Quelle comparaison pouvais-je faire entre les entretiens
tout divins auxquels j'assistais chaque jour et ce que je
voyais et entendais dans la chapelle du père Pichon? Dès que
la petite sonnerie argentine de sa clochette se faisait entendre
le dimanche, j'arrivais bien préparé; les entretiens de ma
mère me suivaient jusqu'au seuil; l'aspect vénérable de quelques vieux paysans à genoux hors de l'église gothique, sous
le ciel, au bord des haies d'aubépines, m'imposait. Mais cette
impression diminuait à mesure que j'avançais dans l'intérieur. Blotti derrière l'autel, avec les anciens de la fabrique,
je ne voyais pas même les cérémonies, je ne voyais que le
menu détail des cierges, du pain bénit, des burettes. D'abord
j'écoutais avec un grand étonnement les chants latins dans la
bouche de nos laboureurs. Je ne comprenais rien, je ne sentais rien, excepté dans les moments de silence complet qui
me frappaient par le mystère! Mais combien les heures machinales qui suivaient me paraissaient pesantes! Car les messes
du père Pichon étaient interminables, à cause de sa difficulté
de lire, de prononcer. J'attendais avec impatience le moment
de sortir de ma cachette pour revoir les champs, les bois.
L'église était certainement l'endroit où j'étais le moins
occupé de Dieu, le moins près de lui.

III

Où m'arrêterais-je si jne suivais ici que mon adoration pour ces lieux? Je ne m'arrêterais pas. Je raconterais l'histoire de chaque chaumière, de chaque champ, de chaque arbre. Car je les connais tous, comme ils me connaissent moi-même. Si la terre entière devait se flétrir, il me semble toujours que ce coin serait épargné, et qu'il garderait son innocence première.

La plus grande impression, la plus forte que j'aie reçue des choses en ma vie, a été de revoir ces lieux en 1839, après cinq ans d'absence. Je savais que la maison et les champs avaient été vendus, qu'ils appartenaient à des maîtres étrangers, mais je n'avais voulu rien savoir de plus. Me trouvant dans le voisinage, je me hasardai à les revoir. Je pris une voiture et me fis conduire à Certines. A un quart de lieue de la maison, je mets pied à terre, je traverse le petit bois qui me cachait la vue. Je m'avance sur la lisière du taillis, de manière à découvrir en plein cette maison chérie. Je lève les yeux. Je vois une pelouse verte, unie, mais pas un seul pan de mur, pas un arbre même. Je crois m'être trompé. Je m'oriente. Mais non, voilà bien la planche jetée sur le ruisseau. Je la traverse, voilà de l'autre côté le chemin herbu qui monte vers le jardin. Je le suis. Mais le jardin a disparu comme la maison elle-même! A la place de tout cela, un tas de pierres roulées. Je m'assieds sur ce tas de pierres. Une paysanne sortie d'une maison voisine s'approche de moi; elle m'avait reconnu. Nous pleurâmes tous deux ensemble. De ce jour-là je me sentis déraciné sur la terre. J'appartenais à l'orage; il pouvait me prendre et m'emporter où il voudrait.

Ah! que la fortune a bien fait de m'arracher à temps de ces fortes racines! Qu'elle a bien fait de m'ôter peu à peu ce

qui m'était le plus cher, puisqu'elle voulait m'ôter mon pays
même! Que deviendrais-je aujourd'hui si j'avais laissé derrière moi tous ces enchantements attachés aux lieux, aux
choses, aux arbres même qui faisaient comme une partie de
mon cœur? Je me retournerais vers eux, je les appellerais;
ils m'attireraient par un charme invincible; je voudrais les
revoir encore une fois, car je les revois souvent en songe, et
Dieu sait où s'arrêterait ce mal du pays qui va, dit-on, quelquefois jusqu'au délire. Mais heureusement, les choses que
j'aimais le mieux ne sont plus; elles ont été toutes effacées
de la terre pour que je n'eusse pas à les regretter. Celui qui a
abattu de son marteau ma maison paternelle m'a affranchi.
Je puis trouver partout un tas de pierres roulées pour m'y
asseoir et y pleurer.

Chaque année, l'hiver nous ramenait à la ville. Mon père
ne pouvant guère supporter le bruit des enfants, je fus mis en
pension chez un professeur de mathématiques, très savant
homme qui consentit à me prendre, quoiqu'il n'eût pas
d'autre élève. Étant seul chez lui, je fus traité comme un
enfant de sa famille et cent fois mieux. Car mon maître,
exigeant pour les siens, dur même, montra pour moi une
douceur inaltérable. Jamais un châtiment, ni même un
reproche. Ma seule peine était l'excessive sévérité que l'on
témoignait au fils de la maison, Jules, que le père voulait
pousser dans les mathématiques. La conscription fut une
délivrance pour cet honnête garçon qui eut ma première
amitié. Nous lui fîmes la conduite sur la grande route du
pont d'Ain. L'année suivante nous apprîmes sa mort. Il avait
été tué à Iéna. C'est la première mort dont j'entendis parler
et qui me toucha. Jusque-là l'idée de la mort n'avait jamais
approché de moi. J'y croyais à peine. Elle nous laissa un
assez long sursis, avant que j'entendisse de nouveau parler
d'elle. Je restai longtemps avant d'être bien convaincu que,
moi aussi, je dusse mourir un jour.

La méthode qu'employa avec moi mon mathématicien mérite assurément que je la signale ici. Il m'apprit à la fois à lire et à écrire, tantôt sur le sable dans le jardin, tantôt à la craie sur son grand tableau noir, sans que je visse jamais ni livre, ni papier, ni plume, ni encre. Je sus ainsi écrire longtemps avant de savoir lire, et cela jetait ma mère dans de singulières alarmes; car elle ne se lassait pas de demander à mon maître s'il croyait sincèrement que je pusse apprendre à lire. A quoi il répondait, ce me semble avec beaucoup de raison, que l'on avait vu nombre de gens ne pas savoir lire, mais qu'on n'en avait pas encore vu qui, sachant écrire, n'aient pas fini par apprendre à lire.

A peine avais-je débrouillé mes lettres, il me jeta dans le latin, mais tout cela en se jouant, au milieu des gâteaux cachés sous les arbres de Bouvent. Il s'ensuivit que je savais écrire avec toutes sortes de choses couramment, excepté avec une plume. Aussi me trouvant dans les vendanges à Jasseron, à l'âge de cinq ans, chez M. Riboud, et n'osant me confier aux grandes demoiselles de la maison, je m'adressai au cocher Virieu; je lui demandai des allumettes de chanvre. A son grand étonnement, je taillai ces allumettes avec son couteau et j'écrivis sous ses yeux, dans l'écurie, à ma mère une lettre très lisible qu'il porta le lendemain à la ville et qui fit certainement quelque honneur à ma méthode. Bénie soit la mémoire du savant homme qui m'épargna tous les soucis, toutes les larmes qui accompagnent ordinairement la première instruction des enfants!

Il ne me fit pleurer qu'une seule fois en sa vie, mais à me désespérer, et ce fut par l'obligation de le quitter. Qui jamais eût pensé qu'un homme si sage, si savant, si vraiment philosophe, était fou? Malheureusement, il l'était par accès, sans que rien l'eût trahi jusque-là au dehors. Mais ce moment arriva. Comme il faisait visite à ma mère, sa frénésie le saisit. Il s'élance, lève sa canne sur elle; il allait

la frapper, lorsqu'un ami qui se trouvait en tiers l'arrête, le
désarme et le ramène tout écumant chez lui. Le lendemain,
les excuses arrivèrent, les aveux, le désespoir. Par bonheur,
le secret était en bonnes mains, quand un seul mot eût perdu
ce digne homme qui a marqué depuis dans l'enseignement
et même dans la science. Il fut décidé que le terrible secret
serait gardé; il l'a été si bien, si religieusement, que je ne
l'ai appris que de longues années après; et alors il était sans
danger; car mon maître, retourné dans son pays, y était
mort, et sa famille éteinte.

Au moment où l'éclat se fit, ma mère voulut que je ne
perdisse rien de mon respect pour l'homme vénérable auquel
je devais les premiers éléments. Plutôt que de le rabaisser
à mes yeux, elle aima mieux me désespérer. On me retira
de chez lui, mais, injustice magnanime! on me fit croire qu'il
ne voulait plus de moi, que je ne répondais pas suffisam-
ment à sa bonté. Bref, je devais me croire congédié, et je le
crus.

Cette nouvelle fut terrible pour moi. Le désespoir que
j'éprouvai de quitter ce bon maître fait son éloge plus que
tout ce que je pourrais dire. Je cherchais quelle faute j'avais
commise envers lui, envers sa digne femme, envers la bonne
Amélie, sa fille; je me sentais déchiré de remords sans savoir
quelle était ma faute. Au moment où je reçus la fatale
nouvelle, je conjuguais à haute voix sur l'escalier le verbe
Gaudeo, je me réjouis. Cette conjugaison est devenue une
date dans ma vie. Je n'entendrai jamais prononcer ce mot
sans que toute cette histoire me revienne dans le moindre
détail. Plus tard, quand le secret me fut révélé, le verbe
gaudeo resta toujours entre nous une expression d'ironie,
que nous appliquions aux plus tristes fatalités de la vie.

Le premier usage que je fis de mon savoir fut de lire les
contes de fées. Je les recevais un à un dans de petits volumes
bleus, bariolés, et j'avais tout le temps nécessaire pour

m'approprier le fond de l'une de ces histoires, avant de
passer à une autre. Si je croyais réellement à l'existence de
tous les petits êtres enchantés qui peuplent le monde des
fées, c'est ce que je ne puis dire. Mais je croyais du moins
à la magie, et assez pour tenter très sérieusement de l'exercer
pour mon compte. Je croyais à la vertu des belles pierres
brillantes. En voyant les veines de nos cailloux de granit
étinceler au soleil, je pensais avoir le secret de ces métamorphoses que j'admirais tant dans mes contes de fées.
Quoique nous eussions toujours de beaux jardins, ceux de
Fenille, un vrai Jardin des Plantes, ceux de Meillonnaz, je
semais sur le bord de nos fenêtres des jardins en terrasse
que je plantais régulièrement de brins d'herbe et de jasmin
en guise d'arbres; il me semblait que ces brins d'herbe
allaient, au contact de mes pierres enchantées, se métamor-
phoser en magnifiques bosquets, tels que ceux du prince
Charmant. Je voyais déjà cette métamorphose s'opérer. Il n'y
manquait que l'oiseau bleu, le sansonnet, et les petites fées,
qui ne voulurent jamais apparaître.

Une autre lecture de ce temps-là fut celle des *Petits
Orphelins du hameau*. Il m'en reste une grande impression
de pitié et même de terreur. Je ne pouvais entrer dans les
ruines du vieux château de Montmort, sans voir la terrible
châtelaine errer dans les décombres à la poursuite des deux
petits infortunés avec lesquels je m'étais entièrement iden-
tifié. J'aurais pris ces vieilles ruines en horreur, si je n'y
avais trouvé un jour des lambeaux de tapisserie où était
figurée la vie de don Quichotte et de Sancho Pança.

IV

Jamais peut-être enfant ne fut entouré de personnes d'un
caractère plus opposé. Ma grand'mère appartenait à une
famille du parlement du Dauphiné, Prost de Royer. Très
jalousée, très persécutée par sa mère, elle avait été enfouie
jusqu'à trente ans au couvent. Elle y avait rongé son frein
jusqu'à son mariage avec mon grand-père, Philibert Quinet,
maire de Bourg, que je n'ai pas connu. De ce long souvenir
du couvent, elle avait gardé une sévérité implacable. J'ai vu
mon père interdit devant elle, à plus de cinquante ans. Je
pourrais citer des exemples de son système d'éducation, qui
sembleraient incroyables aux hommes de nos jours; qu'il
me suffise de dire que deux fois par semaine elle faisait
venir chez elle un garde de ville pour fouetter les trois
enfants. S'ils étaient sans reproche, le châtiment comptait
pour les fautes à venir.

A trois ans encore, au moindre pleur, elle enfermait mon
père dans un tiroir de commode. A dix-huit, elle fit arracher
un matin toutes les fleurs qu'il cultivait avec passion. En
revanche, il scia la nuit, par le pied, tous les arbres fruitiers
du jardin. Après quoi, il ne restait plus qu'à s'enrôler. C'était
le temps des volontaires de 92. Il s'enrôla dans le bataillon
de l'Ain et partit. Le mariage de mon père ne fit que
suspendre la brouillerie. Dans sa visite de noce, ma mère
voyant de loin un tableau du Christ suspendu au mur,
demanda quel en était le sujet, car elle avait la vue basse :
« C'est un Dieu, madame, que vous ne connaissez pas »,
répondit une voix inflexible. Ma mère se tint pour offensée
et n'y retourna plus. Le jour de ma naissance, on me porta
chez cette terrible personne. Elle jeta un regard complaisant

sur moi, et il lui échappa de dire : « Il aura de l'esprit ».
C'est sur ce frêle, incertain présage que la réconciliation se
fit. Aussi y resta-t-il toujours beaucoup de froideur et d'insta-
bilité.

Telle que je viens de la dépeindre, l'air imposant, les
traits grands, beaux, fiers, cette redoutable grand'mère,
impassible comme un parlement assemblé, avait une sensibilité exquise pour la beauté, à ce point qu'elle ne pouvait
conserver à son service une personne qui n'eût au moins les
traits réguliers et corrects. C'était chez elle la première
condition de tout engagement. Elle aimait avec passion les
tableaux, les gravures, dont ses appartements étaient remplis. Surtout elle avait une véritable idolâtrie pour la beauté
dans la parole. Elle a été certainement une des premières de
nos provinces à s'engouer du *Génie du christianisme*. Elle ne
pouvait citer une certaine phrase descriptive sur le *cri de la
hulotte* sans fondre en larmes. Dans sa vieillesse, la terreur
de l'enfer attrista ses derniers jours. La rigidité qu'elle avait
eue pour les autres, elle l'exerça contre elle-même.

De cette première éducation, mon père garda la sévérité,
non dans ses actions, qui ne furent jamais rigoureuses, mais
dans ses regards, dans son attitude, dans ses paroles, par
lesquels il tint ses enfants toujours à une grande distance de
lui. N'ayant point connu les caresses, il ne les fit point
connaître aux autres. Quoiqu'il eût embrassé toutes les idées
nouvelles, il était resté l'homme d'un autre siècle, par l'aus-
térité qu'il portait dans l'éducation. Encore n'avait-il retenu
des anciens temps que le côté négatif, l'aversion de toute
familiarité, mais non la rigueur des peines. Je ne craignais
pas avec lui le châtiment, car il ne me punissait guère ; mais
je redoutais sa froideur. Ses grands yeux bleus errants sur
moi m'interdisaient sans qu'il parlât. Sa moquerie me glaçait ;
je restais muet, immobile, sans savoir que craindre, mais
avec la quasi-certitude de déplaire, et cette certitude me

rendait désagréable pour lui seul, tant j'étais paralysé par
son regard. Si j'eusse pu rompre cette glace et m'élancer
vers lui, assurément il m'eût bien reçu, non par des démons-
trations équivalentes, qui n'étaient pas dans sa nature, mais
avec une bonté réelle. Et cette idée ne me vint jamais. Elle ne
pouvait me venir; car lui présent, je ne pensais pas, je ne
sentais pas : j'étais tout à la crainte de déplaire. Comme il
avait heureusement l'esprit élevé, pénétrant, il comprenait
tout cela, sans en rien dire, et ne me jugeait pas sur ce que
j'étais avec lui. Vif, impatient comme tous les hommes de
ce temps-là, qui ne pouvaient souffrir ni obstacle ni retar-
dement à leur volonté, mais humain, juste, droit, il n'exigeait
de moi que ce qu'il me donnait lui-même.

Voyant qu'il n'avait pas ce qu'il fallait pour m'apprivoiser,
il résolut très sagement de ne se mêler en rien de ma
première éducation; il s'en remit entièrement à la sagesse
de ma mère, pour laquelle il avait une déférence qui allait
jusqu'à l'admiration. Il fallait que cette admiration fût bien
profonde, puisque avec un naturel de salpêtre, il lui montrait
en toute chose une déférence, une douceur, une égalité
d'humeur qui ne se sont pas démenties un seul instant
jusqu'au dernier jour de sa vie.

Aussi est-il vrai qu'il avait rencontré en elle une personne
bien rare, et j'ose dire admirable. En même temps qu'elle
avait l'esprit du xviiiᵉ siècle dans toute sa fleur de malice,
de gaîté, elle avait la raison la plus solide; au milieu
de cette malice enjouée, des retours de mélancolie sans
bornes, un enthousiasme sacré pour tout ce qu'il y a de
grand, de fier sur la terre. Son père, M. Rozat, du midi de la
France, l'avait associée tout enfant à sa vie voyageuse de
secrétaire d'ambassade, qui dut la mûrir de bonne heure.
Quoique Française de naissance, de race, de cœur, d'esprit,
de manières autant qu'on peut l'être, elle était calviniste.
Élevée à Céligny, près de Genève, et à Versailles, elle

Ma grand'mère jeta un regard complaisant sur moi.

réunissait dans un mélange unique la solidité des principes
genevois avec le naturel élégant, la hardiesse d'idées, la
curiosité inquiète de l'ancienne société française, dont elle
avait entrevu, enfant, les derniers restes. Les évêques de
Versailles s'étaient amusés à vouloir la convertir au milieu
des fêtes. Ils ne s'attendaient guère à trouver dans cette
petite fille de dix ans un controversiste achevé. Sa théologie
de Genève, qu'elle maniait avec une imperturbable dextérité,
divertit les princes de l'Église, mais ne leur laissa rien
gagner sur elle. Le temps le plus heureux de sa vie, le plus
calme, le plus regretté, disait-elle, avait été l'année de la
Terreur, lorsqu'à douze ans, en pension à Versailles, seule,
au milieu de ses études chéries, elle apprenait le dessin
qu'elle aimait passionnément. La Terreur passa auprès d'elle
sans qu'elle s'en aperçût. Revenue en Suisse avec son père,
alors maire de Versoix, elle connut Mme de Staël au
château de Crans. L'admiration qu'elle éprouva dès lors
pour la personne, pour les écrits, pour les vues nouvelles de
Mme de Staël, se joignit à tous les contrastes qui se réunissaient déjà en elle. Au reste, sa figure ressemblait à son
esprit : de grands yeux noirs, vifs, profonds, qui jetaient des
éclairs, un beau front encadré de longs cheveux noirs bouclés,
des traits charmants, la grâce même. Telle était celle à qui
mon éducation fut remise. Que cette éducation n'ait pas
produit de meilleurs fruits et surtout plus brillants en de
pareilles mains, c'est ce qui m'étonne chaque jour davantage.

   J'avais aussi près de moi une sœur de mon père. Chez elle
les mêmes causes avaient produit des résultats entièrement
différents. Le souvenir de ce qu'elle avait souffert étant enfant
l'indignait contre toute sévérité et même contre toute justice.
Elle se faisait un devoir de conscience rigoureux, absolu, de
gâter quiconque entrait dans la vie, et moi plus que tout
autre. Elle m'eût laissé mettre le feu à sa maison plutôt que
de me contrarier. Son grand, son unique souci était d'être

l'exacte contre-partie de sa mère, à quoi elle réussissait merveilleusement. Elle se vantait que l'on eût dépensé pour son éducation quatorze livres et demie, et elle sentait bien que c'était là une de ses mille grâces. Car c'est peut-être la seule personne dont l'esprit original, vraiment prime-sautier, ne dut absolument rien à la culture. Charmante, belle même dans sa jeunesse, et ayant trouvé à cause de cela grâce devant sa mère; grande, svelte, l'air d'une biche effarée; quoiqu'elle eût vu le monde, il n'avait eu aucune prise sur elle. Elle avait tous les instincts de la vie première : l'horreur de tous les jougs, le goût de toutes les révoltes, l'exécration du convenu, l'adoration de la campagne, des landes incultes, des maisonnettes dans les bois (et elle en avait toujours de charmantes), de la liberté des champs, de la solitude des forêts. Elle aimait tous les animaux, principalement les plus laids, parce qu'ils étaient les plus disgraciés, les plus injustement traités par la nature. Elle apprivoisait pour moi jusqu'à des crapauds, qui la suivaient, en jetant leur cri mélancolique, dans son salon de Certines, où elle me ménagea un soir cette surprise, à mon grand effroi d'abord, puis bientôt à ma grande joie. Sa vie semblait être de m'épargner tous les maux qu'elle avait endurés, de me faire tous les plaisirs qui lui avaient manqué.

Avec ma grand'mère, j'étais dans la stupeur, avec mon père dans la crainte et la réserve, avec ma mère dans une joie parfaite qui ne me laissait rien désirer.

Quant à ma tante, elle voulait être mon jouet et elle l'était. C'est elle que j'attelais à ma charrue; je lui mettais le joug, je la pressais de l'aiguillon. C'est elle qui creusait mon sillon dans le jardin, et quand au bout du sillon, elle se retournait et me demandait : « M'aimes-tu? » je lui répondais : « Il faut bien aimer tout le monde. » Elle était heureuse de cette réponse et la trouvait adorable.

Il ne me manquait plus qu'un être plus faible que moi, à

aimer et à protéger. La naissance de ma sœur me surprit comme un miracle. D'où venait-elle? qui l'avait apportée? Et une fois sur cette pente, je ne m'arrêtais pas. Comment se font les enfants? Où sont-ils avant de venir au monde? Comme je ne me lassais pas de répéter ces questions et que je ne laissais de repos à personne, une servante me fit une réponse qui eut le mérite de satisfaire complètement ma curiosité éveillée sur l'origine des êtres. D'après cette genèse, les enfants étaient faits avec de la farine de pur froment bien détrempée; on n'en prenait que la fleur. On les faisait chauffer doucement sur un petit feu de cendre. Ceux qui étaient trop roussis devenaient noirs comme l'encre, c'étaient les nègres. Mais c'est ce que l'on évitait en les retournant de temps en temps sur le côté : il fallait beaucoup de patience pour éviter qu'ils ne fussent brûlés. Moyennant quoi, ils se mettaient tout d'un coup à se lever et à appeler en criant. Il n'y avait plus alors qu'à les baptiser. Cette explication, qui satisfit pleinement ma raison, ne vaut-elle pas bien le limon de Prométhée, les pierres de Deucalion ou la côte d'Adam?

La cérémonie du baptême est restée gravée dans mon souvenir. Je me vois encore marcher en tête du cortège avec trois enfants, nés dans la même année que moi.

Nous traversâmes la ville portant chacun un grand cierge, et les cloches sonnaient. Ceux qui étaient à ce cortège vivent encore, mais combien séparés par le hasard, par les choses, par le vent du siècle! N'est-ce pas comme s'ils vivaient sur des planètes différentes? Le moindre souffle qui s'élève de terre suffit pour disperser les âmes humaines à tous les bouts de l'horizon. A peine se sont-elles entrevues face à face, elles se quittent sans même qu'il y ait d'adieu, et elles ne se retrouvent plus !

V

Le premier nom que je connus fut celui de Voltaire, et
voici comment je l'appris. Je demandais quelle était la personne qui avait le plus d'esprit au monde. Ma mère me
répondit : « C'est un vieux monsieur qui s'appelle M. de Voltaire ». Sur cela, je restai persuadé que ce monsieur demeu-
rait dans la même ville que nous. Je le cherchais des yeux
quand nous sortions, aux fenêtres, sur le seuil des portes.
J'étais un peu blessé qu'il ne nous fît pas de visite; mais je
mettais cette négligence sur le compte de son grand âge.
Peut-être avait-il la goutte, peut-être était-il infirme comme
ma grand'mère. Je connus ainsi le nom de Voltaire sous
l'Empire, fort longtemps avant de connaître celui de Napoléon.

Le hasard ne fut pour rien dans cette différence. Elle eut
une cause toute morale; et pourquoi ne la dirai-je pas, tout
incroyable qu'elle paraisse? Mon père haïssait le maître du
monde d'une haine qui n'a peut-être jamais été égalée. Il ne
pouvait l'entendre nommer sans frémir, sans pâlir d'indignation, de colère et même de mépris. Car il est le seul homme
que j'aie vu mépriser celui que tout le monde admirait.

Non seulement mon père ne pouvait entendre parler de
lui, il ne pouvait se résigner à le voir; et il donna de cette
répugnance invincible un exemple assez rare pour mériter
d'être cité. Il était commissaire des guerres, c'est-à-dire un
roseau dans la main de Napoléon. Voici comment il entendait
avancer dans les bonnes grâces de celui sous qui la terre
tremblait. La visite de l'Empereur, au milieu de toute sa
gloire, dans le temps où il marchait sur la tête des hommes,
est annoncée à notre ville. Tout ce qui respire est convoqué
à la préfecture. On attend dès l'aube du jour. L'Empereur

L'empereur fait son entrée à la préfecture.

4

arrive enfin. Il entre : « Le commissaire des guerres! »
demande-t-il de sa voix la plus claire. Et il promène ses
regards autour de lui. Les rangs s'ouvrent, on appelle. Point
de réponse. Le commissaire des guerres est allé à la campagne, à Certines, chasser au filet. Il n'a point cru nécessaire
de se déranger pour cette occasion. Que l'on juge si malgré
tous ses talents incontestables (car il était au premier rang)
un tel homme était appelé à faire grande fortune sous un tel
maître.

Mon père appartenait à cette sorte d'hommes, rares déjà
sous le Consulat, presque introuvables sous l'Empire et qui
me semblent entièrement disparus. Ils tenaient des temps
prodigieux qu'ils avaient traversés une croyance absolue à la
puissance de la volonté. Pour eux rien d'impossible, ou même
de difficile. Toute hésitation devant l'impossible les irritait,
comme une désobéissance ou un démenti. Quand cette
énergie prenait sa source dans l'âme, elle lui communiquait
une fierté indomptable. A ce petit nombre, l'apparition d'un
maître causa une aversion que ne diminua aucune victoire,
aucun triomphe de la force. Jusqu'à la dernière heure, mon
père du fond de son obscurité lutta contre le vainqueur, de
puissance à puissance, d'âme à âme. Car il le détestait, comme
une âme libre peut détester le Destin. Il exécrait tout en lui,
la voix, le geste, le regard. Il ne lui accordait ni génie, ni
talent, ni figure, à peine la face automatique du soldat. Plus
la fortune courtisait le grand homme, plus mon père se reti-
rait de lui. Il ne fut désarmé dans cette haine implacable que
par les défaites. Alors il se tut. Les désastres consommés, il
alla même jusqu'à le défendre. On n'entendit plus un mot de
blâme sortir de sa bouche. La pitié fut plus forte que la
haine. Peut-être aussi que le combat de l'orgueil avait cessé.

Chez ma mère, l'aversion était la même, quoiqu'elle prît sa
source dans le seul sentiment de la liberté perdue. L'orgueil
n'y fut pour rien. De cet accord de mes parents, s'ensuivit

quelque chose de singulier. Soit prudence, soit scrupule de
m'apprendre trop tôt à haïr, ils gardèrent devant moi le silence
le plus complet sur l'Empereur. Voilà comment j'ignorai si
longtemps son nom, que je fus obligé de découvrir moi-même;
et de ce côté il y a dans ces années un grand vide pour moi.
Mais dans cette ignorance, ma liberté fut respectée, et il ne me
manquait plus que d'entendre parler de Napoléon pour
devenir bonapartiste dans une maison où on l'était si peu.

Quelle idée pouvait se faire un enfant des énormes événements qui se passaient alors dans le monde? Tout grands
qu'ils étaient, le bruit m'en arrivait à peine. Voici, je crois,
la première impression durable que j'en reçus. Un homme
en deuil monte lentement, mystérieusement les escaliers. A
sa suite, on me conduit dans une salle où était étendu sur
des cordes un uniforme d'officier troué d'une balle. Cet uniforme teint de sang était celui d'un de mes oncles, tué en
Espagne au siège de Girone. Ma mère, qui maudissait cette
guerre, retint encore sa haine, et ne fit servir en rien ce
spectacle à ses passions. Quant à tous les autres, ils parlaient
peu des événements, si ce n'est pour applaudir.

VI

J'atteignis ainsi ma septième année à la campagne, et j'ai
pour m'en assurer une date morale qui ne peut me tromper.
Dans un de ces entretiens que ma mère avait avec Dieu, en
ma présence, elle m'avait averti qu'à partir de ma septième
année j'étais responsable de mes actions. Désormais toutes
mes fautes retomberaient sur moi. Grâce à cet avertissement,
je me tins sur mes gardes. Pendant quelques jours je fus
en effet sans reproches. Mais enfin je m'en attirai un, je ne
sais lequel, et le sentiment de ma chute, qui me parut irrévo-

cable, m'exaspéra. J'aggravai ma faute par le dépit de l'avoir
commise, car je n'y voyais aucun remède. J'entrai en révolte
pour la première fois. Le remords ne se fit pas attendre. Ce
fut un désespoir sans bornes, que personne ne pouvait apaiser.
J'errais le jour entier sur la galerie extérieure; quand les
paysans passaient et s'approchaient, je criais d'une voix
lamentable, en m'arrachant les cheveux : *Je suis damné! je
suis damné!*

Les paysans ouvraient de grands yeux; mes tantes, ma
mère, les gens de la maison cherchaient en vain à me rassurer.
A tout je répondais : *Je suis damné!*

Que ne fallut-il pas pour apaiser ce cri d'une conscience
qui s'éveillait pour la première fois! J'eus besoin de beaucoup de temps pour comprendre qu'une faute commise peut
être effacée. Il m'avait été bien plus facile et plus naturel
d'accepter du premier coup l'éternité des peines.

Après cet événement, celui qui marqua pour moi cette
année fut une maladie qui faillit m'emporter. C'était une
fièvre typhoïde qui fit mourir neuf ou dix enfants du voisinage, et quelques-uns dans notre maison même. Je vis
passer sous nos fenêtres l'enterrement de l'un d'eux sans
faire aucun retour sur ce qui m'attendait. Pendant un sommeil mortel dans lequel j'étais plongé depuis plusieurs jours,
un de mes camarades s'approcha de mon lit; il se contenta
de dire en me voyant : « Il n'en a pas pour longtemps! » Je
sortis pourtant de cette léthargie, et j'en sortis sauvé, grâce
aux soins prodigieux qui m'entourèrent. Quels accents de
joie saluèrent ce réveil! Je les entends encore! C'est à cette
joie que je compris d'où je sortais. Je vois encore ma mère
et la bonne Babet montées debout sur des chaises chanter à
tue-tête : *Au point du jour!* Que n'espérait-on pas alors et
de moi, et des choses et de cette aube qui recommençait à
luire!

A peine sorti de mon lit, on me montra la comète de 1811.

Elle était alors dans tout son éclat et me semblait briller pour moi. Ce temps de convalescence m'apparaît aujourd'hui comme un des plus doux de ma vie. C'était comme une naissance nouvelle dont j'aurais eu conscience. Et comme je jouissais d'aimer et d'être aimé! Je ne voyais pas une créature, pas une chose qui ne semblât se réjouir de ce que j'étais resté avec elle dans le monde. Même ma grand'mère si austère, si redoutable pour nous autres enfants, que je n'avais jamais vue se dérider, sourit en ce jour d'un sourire étrange. Elle fut charmante, si ce mot peut convenir à une personne qui nous terrifia toujours par sa seule présence.

Nous allions quitter ma ville natale et le pays où j'avais vécu jusque-là. Je me faisais mille tableaux plus ravissants les uns que les autres du pays inconnu où nous allions nous établir. Dans la faiblesse où j'étais réduit, il n'était plus question pour moi d'écoles ou de collèges, que j'avais à peine entrevus. Que de motifs de bonheur! C'est dans l'automne de 1811 que nous partîmes de Bourg pour la petite ville de Charolles.

Aujourd'hui, après un demi-siècle, après tout ce que j'ai vu, senti, enduré, me plaindrai-je d'avoir été sauvé? Regretterai-je qu'on m'ait fait sortir de ce sommeil léthargique, commencement de la mort? Non, je ne maudirai pas la vie, parce que dans ces premières années j'avais déjà pris goût à la justice. On m'avait appris à l'aimer; elle m'a tenu compagnie dans les bons et dans les mauvais jours, et m'a empêché de connaître l'ennui, le vide, passion de ceux dont elle n'a jamais rassasié le cœur.

DEUXIÈME PARTIE

———

I

Combien le moindre changement de lieux laisse de traces profondes dans la mémoire, dans la vie d'un enfant! Ce départ fut pour moi, non pas seulement une date, mais une ère universelle dans laquelle le monde prit une autre forme. Il est certain que les lieux que nous allions habiter différaient beaucoup de ceux que nous quittions. Depuis ma naissance, j'avais eu devant les yeux un rideau de montagnes qui avaient excité en moi le désir continu de voir ce qui était au delà. Ce rideau était tombé; un autre l'avait remplacé; après celui-là un troisième; premier sentiment de l'inaccessible! Au lieu de nos plaines, des monticules, des ravins, de vastes prairies en pente; puis j'avais au bout du jardin une eau courante et profonde, moi qui n'avais vu que des ruisseaux stagnants. Je me sentis transporté dans une autre planète. En même temps que je jouissais avec délices de la nouveauté des objets, j'avais peine à me retrouver moi-même. Au milieu de cet universel changement, les hommes ne me semblaient guère moins différents que les choses.

Au lieu des paysans, au milieu desquels j'avais surtout

vécu, ce n'étaient plus que soldats qui allaient rejoindre leurs corps. Nous en avions toujours deux ou trois à loger; et c'est d'eux, je pense, que je reçus mes premières idées de la vie publique. Au moins est-il sûr qu'ils me parlèrent les premiers des armées étrangères. En écoutant ces soldats, je ne doutais pas qu'à la première rencontre ils ne missent en poudre l'ennemi. A chaque nouvelle qu'ils me donnaient, je me hâtais de la porter à mes parents, bien étonné de les voir réduire à leur juste valeur ces prises de quelques caissons, où je mettais le salut de la France. Car, dès ce temps, ce nom de France avait toute sa magie pour moi. J'en dus la première impression saisissante à ces soldats isolés, dont chacun me semblait un Turenne; or, j'avais d'autant plus sur le cœur l'histoire de ce grand homme, que l'ayant méritée en prix et l'ayant tirée au sort, je la manquai, ce dont je ne me suis pas encore consolé.

Il nous vint un caporal de l'île de Cabréra, où il avait été prisonnier de guerre des Espagnols. Que sa terrible histoire m'a coûté de larmes et d'insomnies! Par bonheur, il ne se lassait pas plus de la raconter que moi de l'entendre. Pendant qu'il nettoyait sa giberne ou qu'il m'apprenait l'exercice, il revenait à cette île nue, déserte, où il avait été jeté lui et ses compagnons.

A peine avait-il fini : « Encore une fois! » lui disais-je.

Alors il laissait sa giberne et, prenant sa pipe, il recommençait son récit.

C'était d'abord un rocher effroyable perdu entre le ciel et l'eau, et au milieu de la mer, sous un ciel brûlant, pas une goutte d'eau à boire.

Une fois par semaine une barque leur apportait quelques racines, un peu d'eau; et c'est pour cette misérable nourriture qu'ils comptaient les jours et les heures.

Avant le lever du soleil, ils attendaient muets, assis sur le rivage, que la barque reparût. Souvent le jour passait sans

qu'elle se montrât, et la faim rendait les nuits plus cruelles
encore que les jours.

Enfin la barque manqua tout à fait, et quelles scènes suivirent alors! Tous les couteaux jetés dans la mer, de peur
qu'ils ne se tuassent les uns les autres et ne se mangeassent
entre eux. Une seule hache gardée au sommet d'un rocher,
pour dépecer le biscuit de mer, s'ils devaient en recevoir
jamais.

« Et vous n'êtes pas mort! » m'écriais-je. Et je touchais
son sac, ses cartouches; tout ce petit mobilier plein d'odeur
de poudre me semblait autant de reliques.

Le caporal s'interrompait alors pour me découvrir son
bras; il me montrait les tatouages dont il s'était marqué
l'avant-bras dans l'oisiveté de l'île. C'étaient des dessins
bleus, violets, de fleurs étranges, d'arbres, de barques, au
milieu desquels un aigle couronné prenait hardiment son vol.

Comment ne pas être tatoué? Rien ne me semblait plus
beau que de porter ainsi un aigle violacé dans ses propres
veines. Je voulus en avoir un. Le caporal de Cabréra savait
tatouer. Il nous manquait du vermillon, nous en trouvâmes,
nous nous mîmes à l'œuvre. Je supportai assez bien les
innombrables piqûres d'épingle qu'il me fallut endurer. Mais
la lenteur de l'opération, qu'il faut incessamment recommencer, me rebuta. Puis d'autres objets se présentèrent. Je
n'eus ainsi dans les veines qu'une ébauche d'aigle tatoué,
que les années ont même fait entièrement disparaître.

II

Au milieu de ces conversations soldatesques (et il ne m'est
jamais arrivé d'entendre de la bouche de ces hommes un
mot qui pût ternir l'imagination d'un enfant), apparaissait un

personnage que je ne pouvais m'expliquer. C'était un conventionnel de la Montagne, d'un grand et charmant esprit, compagnon de Saint-Just dans sa mission aux lignes de Wissem-
bourg, Baudot, qui avait découvert Hoche et agrandi la
France jusqu'au Rhin. Œil d'aigle, bouche souriante, grand
habit noir, bas de soie, il venait chaque jour passer deux
heures chez mes parents. Jamais il ne parlait de la Révolution.
C'était là aussi un sujet interdit, soit qu'il craignît de ne pas
être compris, soit que lui-même fût importuné de ses souvenirs. Je l'entendis pourtant dire un mot qui me frappa :
« D'autres hommes ont la fièvre pendant vingt-quatre
heures! Moi, madame, je l'ai eue pendant dix ans. » Quelle
pouvait être cette fièvre? Ce mystère m'attirait. Car le silence
profond gardé sur les plus grands événements par ceux mêmes
qui les avaient faits était alors un des traits de la France.
Si j'interrogeais, on me répondait tout bas par le mot de Terreur. Je supposais alors des histoires effroyables; mais en
rencontrant le lendemain sur l'escalier cette même figure si
gracieuse, si souriante, charmante, la plus aimable peut-être
que j'aie vue, je ne savais plus que penser.

Jusque-là je ne connaissais guère que de nom les collèges.
Celui de la petite ville que nous habitions servait de magasin
de fourrage, dans les temps de passage de troupes; il ne
nous était ouvert que lorsque le foin manquait. Dans ces
moments de disette, nous avions pour maître un vieux
capitaine de dragons, homme de cœur, éloquent même.
J'avais pour le latin un éloignement qui touchait à l'horreur;
il se trouva qu'il avait le même sentiment que moi. Quand il
y avait classe, chose rare! le temps se passait à revoir les
manœuvres de cavalerie, qu'il figurait très bien avec nos
rudiments, en colonnes, par pelotons, ou déployés en bataille
sur la table. Il nous enseignait aussi comment, dans la rude
campagne de 1799, son cheval se trouvant épuisé, il lui
avait rendu la vigueur nécessaire en l'abreuvant du vin des

Le caporal me montrait les tatouages dont il s'était marqué l'avant-bras.

ennemis. Enfin le moment arriva où cet enseignement même
ne fut plus possible. Les provisions de foin, d'avoine, d'orge,
ayant été refaites au commencement de 1812, encombrèrent
le vieux couvent qui nous servait de collège; nous y
gagnâmes la liberté.

On me chercha pourtant quelque instituteur. Il y avait justement dans notre petite ville un bon vieux prêtre, d'abord
assermenté, puis délié de ses vœux, puis marié, ce qui causait une horreur indicible même aux esprits forts de la Révolution. Il avait ouvert une petite école; bientôt il fut forcé de
la fermer, et on le laissait très charitablement mourir de
faim, comme Grainville, lui et sa vieille femme. Ma mère
entreprit de vaincre ce préjugé et cette inhumanité. Elle crut
que son exemple entraînerait quelque autre à l'imiter. Elle
m'envoya bravement et avec une certaine solennité chez ce
vieillard, qui, malheureusement, se trouva aussi bègue que le
père Pichon et de plus un peu sourd, mais le meilleur homme
du monde. Il ne put guère être question entre nous de latin,
car il ne connaissait de Virgile que l'*Énéide travestie* de Scar-
ron, dont il me fit goûter quelques morceaux :

Et l'ombre d'un cocher, qui brossait l'ombre d'un cheval.

Mais il fut convenu qu'il m'enseignerait le dessin. En effet,
dès le premier jour, il m'apprit qu'il existait deux grands
hommes italiens nommés Raphaël et Michel-Ange. Raphaël
savait faire un rond dans la perfection et d'un trait de plume.
Pour Michel-Ange, son art consistait à atteindre du premier
coup le centre de ce rond. En conséquence, pour imiter ces
deux grands hommes, nos leçons se passèrent à tracer à la
craie des ronds sur un tableau *ad hoc*, et à en attaquer vivement le centre; ce que nous faisions comme dans un jeu
d'escrime, jusqu'à en perdre haleine. Le curieux de tout cela,
c'est que nous gardâmes ma mère et moi le secret le plus

profond sur ce singulier système d'éducation, dont je sentais
pourtant les côtés faibles.

Aussi ce qu'elle avait tant désiré arriva. L'exemple qu'elle
donnait finit par être imité. En me voyant si régulier, si assidu
dans cette école, on jugea qu'elle était profitable : comme
elle était d'un prix accessible, elle fut bientôt suivie. Deux
fils d'un général, dont l'un, je crois, s'est fait un nom dans
la guerre d'Afrique et dans les lettres, vinrent bientôt illustrer notre école. De ce jour-là le pauvre ménage fut sauvé,
et certainement cela ne nous fit aucun mal. Car de quoi
s'agissait-il dans le fond? De nous garder entre quatre murs,
de nous préserver deux ou trois heures par jour contre l'influence de plus en plus envahissante des soldats errants, des
théâtres ambulants, des prisonniers de guerre et des chanteurs
publics.

Pour apprivoiser l'humeur sauvage qu'un tel genre de vie
ne pouvait manquer de développer, on me fit apprendre la
musique. Mon maître était un de ces types de la vieille France,
qu'on ne reverra plus. Quand j'ai lu le *Neveu de Rameau* de
Diderot, il m'a toujours semblé le reconnaître. Bègue aussi,
je le répète à regret, comme mon maître de dessin et comme
le père Pichon, le visage bistre, rond, sillonné avant l'âge,
ancien choriste, la musique était le moindre de ses soucis.
Mon maître de musique était avant tout mécanicien, inven-
teur de machines hydrauliques. On lui avait volé vingt fois
des secrets de machines par lesquels il devait soulever le
monde. Grand politique du reste, c'est par lui que j'entendis
pour la première fois les mots encore inconnus à mon oreille
de Bourbons, de droits féodaux, de dîmes, de corvée. Grand
patriote aussi, il m'apprit le premier la *Marseillaise* que tout
le monde avait oubliée dans le pays. Je me souviens que pendant que les Autrichiens défilaient sous nos fenêtres, il la
raclait impitoyablement et héroïquement de manière à étouffer
le bruit des pas et des armes. Au reste, plein d'une sorte de

génie désordonné quand il parlait de son art, ce qui arrivait
rarement. Il y portait des vues extrèmes, comme en tout. Il
avait imaginé d'appliquer le système de la conscription aux
belles voix. Il se proposait de les enrégimenter de force, au
nom de l'État, et d'imposer ainsi despotiquement l'harmonie
par grandes masses à la France récalcitrante. Quand l'Odéon
a été brûlé, il est resté persuadé que l'incendie avait eu pour
auteurs les ennemis de son système, qui allait, disait-il,
triompher. Il en est mort de douleur. Dans cette tête un peu
extravagante, il y avait un mouvement universel, qui eût dû
m'exciter à penser, si le temps en fût venu.

III

Au milieu de ces étranges figures et de cette éducation en
plein air que les circonstances rendaient inévitables, se trouvaient pourtant chaque jour une heure ou deux qui tranchaient
pour moi avec toutes les autres. C'étaient celles que je passais
seul et recueilli avec ma mère. Il me semblait que je deve-
nais une autre personne, dès que j'avais passé ce seuil chéri,
et il y avait en cela quelque chose de vrai. Car, sans nous
entretenir de cette vie rude et fantasque, ma mère me traitait
d'égal à égal, dès que la porte était fermée. Chose singulière,
tout le fracas de mes habitudes désordonnées cessait aussitôt;
malgré mon ignorance absolue et le vandalisme dans lequel
j'étais tombé depuis notre départ de la campagne, j'étais
capable de la suivre dans les entretiens où elle m'attirait à
mon insu. Nous faisions alors des lectures fort au-dessus de
mon âge. Pour commencer, nous lûmes *Hamlet* et *Macbeth*,
qui, sans que je puisse dire comment, se trouvèrent fort bien
à ma portée. A sept ans, j'avais déjà versé toutes les larmes
de mes yeux pour Amélie Mansfield. Nous finîmes par les

Caractères de La Bruyère, Racine, Corneille, tout le théâtre
de Voltaire. Je ne connus que tard J.-J. Rousseau et par
moi-même. Car ma mère, qui me fit connaître de si bonne
heure Voltaire et qui l'aimait comme la lumière, se défiait de
l'esprit retors de Rousseau et craignait sa sentimentalité. Il en
fut de même de Chateaubriand; l'esprit net, sensé, lumineux
de ma mère ne goûtait qu'à demi la romanesque et fantasque
théologie du *Génie du christianisme*.

Tous les controversistes passionnés, sans en excepter Bos-
suet, faisaient sur elle l'impression de beaux diseurs et de *têtes
faibles*; quoiqu'ils fussent dans sa biliothèque, elle ne me les
montra pas.

Au contraire, Mme de Staël, qu'elle avait connue dans
sa jeunesse, était son idole. L'exil de cette femme illustre était
pour elle un deuil profond, une douleur personnelle qu'elle
ne pouvait exhaler nulle part. Car il était alors de bon goût
de ricaner dès que ce nom odieux au maître était prononcé.

C'était donc à moi seul qu'elle exprimait sa peine comme
un secret, et je la partageais, ou plutôt je la devinais, et c'est,
je pense, de ce moment que je commençai à devenir capable
de souffrir pour une cause morale. Mon âme naissait dans ces
courtes heures d'entretien; je m'en apercevais au mal que me
faisait le récit des ridicules que l'on voulait attacher aux paroles
et aux idées de Mme de Staël. Certes, je ne comprenais
qu'à moitié ce langage, mais il faisait sur moi comme l'impression d'une harpe; sans pouvoir dire pourquoi j'étais ému,
je sentais comme des écailles tomber de mes yeux. Mais ces
moments de lumière où la pensée s'éveillait duraient juste le
temps que je passais avec ma mère.

Plus tard, nous essayâmes de lire ensemble *les Considéra-
tions sur la Révolution française*, dès qu'elles parurent. Nous
fûmes bientôt forcés d'y renoncer; à mon extrême confusion,
ce livre était pour moi lettre close. Non pas que je ne pusse
atteindre aux sentiments et même quelquefois aux idées dont

il est rempli, mais ce sont les mots eux-mêmes qui me manquaient. Le dictionnaire de la langue de la liberté n'existait
pas pour moi. Quoique l'on fût alors si peu éloigné du temps
de la Révolution, l'idiome en avait été perdu. Au moins ne se
transmettait-il pas à ceux qui comme moi n'avaient pas été
contemporains des événements.

Je ne savais ce que c'étaient que girondins, constitution-
nels, montagnards, jacobins, encore moins chartes, garanties
individuelles, constitutions. C'était là pour moi une langue
morte qui ne m'était guère moins étrangère que le grec ou le
latin. Un seul mot avait remplacé tous les autres, la Terreur,
mot que personne ne me définissait. Nous fûmes ainsi arrêtés
court dans notre lecture; il m'eût fallu un dictionnaire pour
chaque ligne, tant la langue de la Révolution avait promptement cessé d'être une langue vivante. Nous n'avions pas
songé à cette difficulté; elle se trouva insurmontable. Et cela
me donne à penser que, grâce aux interruptions fréquentes
de la liberté en France, chaque génération est pour ainsi dire
obligée d'en rapprendre comme moi la langue, péniblement
et dans les livres, non dans la conversation.

Je ne comprenais aisément que la langue du despotisme;
car elle est simple, peu de mots la composent, je l'avais toujours entendu parler. C'était celle du peuple, des soldats, de
tout le monde. Celle de la liberté était pour moi un hiéro-
glyphe, un idiome lettré, savante restauration d'une langue
morte. Elle m'attirait et me désespérait en m'humiliant, parce
que je ne pouvais la comprendre.

Ces heures-là étaient de rapides échappées sur un monde
inconnu; après quoi, je retombais bien vite dans la vie barbare que la force des choses établissait autour de nous. Ma
mère elle-même ne pouvait pas toujours s'y soustraire. Une
après-midi du printemps de 1812, elle allait en grande toilette
à une réunion de fête et m'avait pris avec elle. Comme toujours, quand nous étions ensemble, nous avions peine à

modérer notre joie; la beauté, l'éclat du jour, l'augmentaient
encore; tout à coup, au détour de la rue, débouche en plein
soleil une longue colonne de spectres qui marchent à la file,
hâves, affamés, presque nus, défaillants, mourants à chaque
pas. C'étaient des prisonniers de guerre espagnols qui traî-
naient après eux tous les maux de la guerre. Quelques-uns de
ces moribonds s'approchent de nous en tendant leurs mains et
arrêtent sur nous leurs yeux sanglants.

A la vue de ces misérables, ma mère fut saisie comme d'un
remords de se voir si belle; elle leur jeta sa bourse et rentra
chez elle; elle quitta bien vite en pleurant ses habits de fête,
qui lui faisaient horreur depuis qu'elle avait vu de telles calamités. Ce spectacle me poursuivit longtemps. Il s'y ajouta le
lendemain une sorte de fièvre jaune que cette malheureuse
bande avait répandue partout où elle avait passé. Notre petite
ville en resta comme pestiférée pendant le printemps, l'été et
l'automne de 1812. Chaque matin j'allais voir les cadavres
que l'on entassait tout vêtus par monceaux dans un vaste
chariot, à la porte de l'hôpital. Et je n'éprouvais aucun saisissement à cette vue : l'imagination dormait encore. Ce premier
aspect de la mort me fut ainsi presque indifférent, soit que je
trouvasse le nombre des cadavres au-dessous de ce que le bruit
public annonçait, soit peut-être que je ne visse là avec mes
compagnons que des ennemis. Mais, certes, je me calomnie
par cette dernière parole. Car, parmi les prisonniers (le
général Mina était, je crois, du nombre), il y avait un enfant
de mon âge que j'aimais tendrement. La pensée de sa captivité, de sa vie errante et misérable, des dangers qu'il avait
traversés, des guerres lointaines, entrait pour beaucoup dans
cette affection. D'ailleurs j'avais appris en secret à respecter
ce peuple. Souvent, quand nous étions seuls, ma mère répé-
tait devant moi : « On pourra vaincre l'Espagne, non pas les
Espagnols ». Cette parole me transportait comme les maximes
de notre Corneille. C'est à elle que je dus ma première notion

Une longue colonne de spectres marchaient à la file.

du droit d'autrui, mon premier sentiment de respect pour
une nationalité étrangère.

Ainsi le fond de cette éducation était une grande rudesse,
qui nous sauvait de toute corruption. Sous cette cuirasse
grossière, il y avait une âme qui naissait; elle échappait deux
heures par jour à l'exemple général. Elle s'essayait alors
à comprendre, à sentir, à s'adoucir, à s'élever même. Mais
c'était là, comme un secret entre nous; combien nous nous
serions gardés de le divulguer! Le reste du temps était donné
aux batailles à coups de pierres, à l'assaut de quelques
masures, à l'endurcissement, à l'apprentissage des blessures,
rapportant chaque jour quelque horion, jusqu'à être retenu
au lit des mois entiers à la suite de quelque fait glorieux que
je veux bien passer ici sous silence. Et n'était-ce pas là le
genre de vie auquel nous étions tous destinés? N'était-ce pas
chose très sage de nos parents, et des miens en particulier, de
nous y préparer et de nous y abandonner d'avance?

IV

D'ailleurs est-ce bien la rudesse que nous avons à craindre
dans nos mœurs nouvelles? N'est-ce pas plutôt la mollesse de
l'âme qui se glisse partout sous cette apparence? Il n'est pas si
facile que l'on pense de garantir un enfant contre la surprise
des sentiments prématurés. Même au milieu de ma vie sauvage, j'en fis l'épreuve à dix ans.

Dans le temps que nous achevions le théâtre de Racine, il
nous arriva une troupe d'acteurs ambulants, quoique notre
petite ville fût très écartée du monde. Ils jouaient surtout la
tragédie. Le théâtre étant fort dénué, nous prêtions les fau-
teuils, les arrosoirs, les ustensiles nécessaires pour les palais
et les jardins en terrasse des rois de Grèce et de Ninive. Cela

me valut mes entrées, à moi et à mes compagnons, sur une
planche à l'angle de l'avant-scène. Je vis représenter ainsi
pour la première fois *Iphigénie*, et Iphigénie fut ma première
idole. Sans m'arrêter à la pièce, que je connaissais, aux déco-
rations, aux costumes, je concentrai uniquement mon attention sur la personne qui jouait la fille d'Agamemnon. Dès
qu'elle parut, je n'appartins plus qu'à elle. Ses longs regards
baissés sous son voile d'or, qui traînait jusqu'à ses pieds, sa
pâleur, ses soupirs, son accent, tout me donna l'idée d'une
personne accomplie. C'est elle que je vis, non pas son rôle,
ou plutôt je ne distinguai pas l'une de l'autre. A peine s'il me
resta le moindre intérêt pour Achille, malgré son beau casque
à aigrette, et quoiqu'il fût très vaillamment représenté par le
directeur de la troupe, M. Leclerc. De quel nom appeler ce
que cette inconnue m'inspirait? C'était d'abord une admiration
muette qui s'étendait à tout ce qui l'environnait de près ou
de loin. Mais c'était une admiration pleine de trouble, de stupeur, de saisissement, comme à la vue d'une déesse. A peine
elle arrivait, j'étais à la lettre anéanti devant les perfections
d'une créature si céleste. Quand elle quittait la scène, j'étais
consterné, et en même temps soulagé d'un grand poids. Je
respirais. Mais avec quelle angoisse j'attendais son retour!
Combien j'aurais voulu la consoler dans l'intervalle, la suivre
au pied de l'autel! J'épiais le bruit de ses pas sur les planches
tremblantes! Et au milieu de ses infortunes, je craignais pour
moi presque autant que pour elle, sans savoir que craindre,
tant je ne faisais qu'une âme avec elle!

J'avais peur, par-dessus tout, de la rencontrer hors du
théâtre. Car il m'était impossible de comprendre ce que je
deviendrais en sa présence; et je ne doutais pas qu'elle ne fût
partout la même. Heureusement je ne rencontrai pas une seule
fois ma déesse. Je m'en ouvris franchement à ma confidente
ordinaire, qui, loin de contrarier une passion si magnifique,
la trouva la plus légitime et la mieux autorisée du monde.

Mais que dis-je? Ce n'était pas la première que la Beauté m'eût inspirée. Une danseuse de corde que j'avais vue à Trévoux faire des tours périlleux d'amazone, à cheval, avait précédé de beaucoup Iphigénie sans lui céder en rien, hormis qu'elle était un peu hâlée peut-être. Mais ses traits de bronze n'en restaient que mieux gravés. Avant la bohémienne, une autre apparition s'était levée pour moi au matin de la vie, parmi des œillets de Perse dans le jardin des abeilles à Cerlines. Et au milieu de ces figures, il n'y pas une enfant, mais toujours des personnes achevées dans la fleur, sinon dans la maturité de l'âge. Chacune de ces apparitions me renvoie à une apparition lointaine. Je vois ainsi comme une procession de ces enchanteresses se tenir par la main, jusqu'au moment où mes yeux s'ouvrent à la lumière du monde; ce qui devrait en conscience m'obliger de croire avec Platon que l'âme s'éveille dans l'Éternel Amour.

V

Cependant les événements qui changeaient la face du monde devaient finir par arriver jusqu'à nous. C'est par hasard qu'un enfant de mon âge m'avait raconté l'incendie de Moscou, comme nous revenions juchés sur un char qui ramenait de la forêt une charge de bois et de feuillée. L'almanach de la foire ne m'avait pas laissé ignorer le nom de Leipzig et la mort de Poniatowski. Mais les événements se passaient si loin, si loin, qu'ils étaient fabuleux. Je les apercevais à travers de grossières gravures sur bois; j'en étais oppressé comme de l'histoire de Montézuma dans les *Incas*. L'année 1814 arriva brusquement et me réveilla en sursaut de cette mythologie populaire. Pour la première fois, je sentis, je touchai les choses. Je vis les armes, les hommes, les blessures.

Tout ce que j'ai vu, entendu à partir de ce moment m'est demeuré gravé dans le moindre détail.

Un matin de cet hiver de 1814, nous allions, selon notre coutume, à la rencontre du messager, sur la route de Percy. Ce messager était un idiot dont l'intelligence n'avait gardé qu'une case pour le sentiment de la patrie. Ordinairement il tenait à la main une branche de chêne qu'il agitait de loin, en signe de victoire. Son grand chapeau à corne était à demi couvert par une immense cocarde tricolore enrubannée, mêlée de pâquerettes. Ce jour-là, il ne tenait point de branche à la main; quand nous fûmes près de lui, nous vîmes qu'il n'avait pas une seule fleur à son chapeau.

« Mauvaises nouvelles! nous cria-t-il, les Kaiserlicks ne sont pas loin! »

Et il continua son chemin à la manière des idiots en trébuchant à chaque pas.

Nous crûmes d'abord que c'était un de ses accès de folie ordinaires. Mais nous fûmes ébranlés par ce que nous vîmes à notre retour. Mon père fondait des balles et il partait en éclaireur avec sa carabine. Sur la petite place de l'église étaient réunis, alignés sur deux rangs, une trentaine de bourgeois et d'ouvriers armés de fusils de chasse. Notre maître d'école brandissait une vieille épée, en serre-file. Hélas! c'était là chez nous l'arrière-ban de la France! Le capitaine passa devant les rangs et distribua à chacun deux cartouches qu'il prit dans un bahut à pétrir le pain. « Vous pouvez tenir tête à trente cavaliers », dit-il froidement. « A deux millions! » répondit une voix. La petite armée s'ébranla en silence.

Au premier rang, je reconnus le père Grenouille dans son magnifique habit de garde française. Le père Grenouille était un vieux soldat de Louis XVI, que ses soixante-quinze ans avaient forcé de se retirer du service. Réduit à la dernière misère, il habitait le quartier des pauvres, le *Calvaire*, où j'allais quelquefois le trouver dans sa cabane. Il venait presque

chaque jour dans notre maison comme manœuvre. Je ne
l'avais jamais vu que courbé en deux, scier, fendre du bois
d'une main tremblante, dans le jardin. Mais ce jour-là, il
s'était redressé de toute sa hauteur; et le père Grenouille avait
au moins six pieds, l'air noble, le visage tranquille comme
sa conscience, les yeux d'une douceur singulière. Il portait en
pleine poitrine, au bout d'un large ruban, sa croix d'honneur
que je n'avais jamais-aperçue. Au lieu de trembler il marchait
d'un pas ferme, imposant. Aussi, quand il passa près de moi,
je le saluai, mais je n'osai lui dire comme je faisais les autres
jours : « Adieu, père Grenouille ! »

Il ne devait revenir que la tête fendue d'un coup de sabre,
et même alors il n'eut pas en mourant la joie du soldat.
Lorsqu'on le vit reparaître, mes compagnons se moquèrent
de sa vieillesse, de sa tête branlante, enveloppée de charpie et
de haillons. Pour prix de son acte sublime, il ne recueillit
que la risée. Je le vis et j'en fus consterné. Pour lui, calme
comme toujours, placide, muet, impassible, il semblait ne
s'apercevoir ni de la moquerie, ni de la blessure mortelle. Je
devais ce souvenir à cette grande figure stoïque du Pauvre
qui m'est toujours restée présente sur les ruines de la France.

Pendant que cette petite troupe s'éloignait, il nous vint un
renfort, auquel nous n'avions pas pensé ; toute une armée
d'enfants, les vétérans âgés de quinze ans, en beaux uniformes,
shakos à ganses, chevrons aux bras, carabine à notre taille,
débouchent dans notre ville. Quel moment! Cette armée était
la fameuse bande des partisans de M. le duc de Damas. Cette
fois notre enthousiasme n'eut plus de bornes. Nous faillîmes
en perdre la raison. A la tête de la petite armée s'avançait,
sur un beau cheval noir, le chef fumant tranquillement sa pipe
dans ce moment de crise.

Le vieux capitaine Dèr, espèce de soldat d'Annibal, affilié
je ne sais comment à ces bandes, vint voir mon père, qu'il
avait connu dans le bataillon de l'Ain, et cela m'acheva. Dès

lors notre projet de nous enrôler sous le drapeau du capitaine
Dèr fut arrêté. Mais nous trouverait-il à onze ans la taille
requise, l'âge voulu? Oserions-nous seulement lui en parler
et soutenir son regard sévère? Car rien n'était plus terrible,
il faut l'avouer, que le regard du capitaine Dèr. Quelle
inquiétude! et quelle nuit passée dans une attente mortelle! Le
jour se leva, il ne nous apporta aucune consolation; bien au
contraire; pour moi qui perdais visiblement l'esprit, je me
réveillai consigné dans ma chambre. Je voulus sortir. O douleur! Elle était étroitement fermée. On m'y laissa deux jours
en tête à tête avec les neuf volumes du *Voyage en Grèce du
jeune Anacharsis*, auquel on ajouta pour surcroît d'ironie les
planches et les cartes géographiques. Après ces deux jours de
carcere duro, je pus enfin sortir. Mais où était l'armée? Elle
avait disparu emportant avec elle tous mes rêves de gloire et
mon bâton de maréchal. Je ne sais ce qui serait arrivé de ces
regrets, si je n'eusse gardé une certaine rancune à nos héros
de ce qu'ils nous avaient si promptement abandonnés. Au
moins, s'ils eussent marché au-devant de l'ennemi! Mais non, ils
étaient partis dans une direction opposée; j'avais peine à leur
pardonner leur retraite. Dans ma mauvaise humeur, je l'appelais une fuite.

Ils furent remplacés par une centaine de Piémontais au
cœur tout français, seule troupe qui nous séparât encore de
l'ennemi. J'eus le spectacle d'une alerte. Les soldats faisaient tranquillement la soupe dans le collège et je les regardais. A un coup de baguette de tambour, suivi de ce cri :
« L'ennemi! » marmites, chaudrons, cuillers, assiettes, couteaux, volent pêle-mêle. Les fusils sont pris aux faisceaux,
les bretelles des sacs rattachées, les rangs formés, les
hommes lancés à la course au-devant de l'ennemi, et tout
cela en moins de temps que je n'en mets à le dire. L'élan,
l'alacrité de ces hommes à courir au danger, est un des spectacles de ce temps qui sont le mieux restés dans ma mémoire.

Je les suivis à toutes jambes. J'arrivai jusqu'à l'endroit de la route où était formé un petit peloton en avant-poste, avec une vedette à trente pas dans un champ, sur la gauche; j'entendis les paroles du lieutenant; il s'adressa d'abord à nous brusquement : « Enfants, retirez-vous! » Ensuite à ses soldats : « Tant qu'il me restera une cartouche, vous n'avez rien à craindre! » Il se fait un grand silence; une vingtaine de cavaliers autrichiens se montrent tout à coup, en face, au haut d'une butte, sur la route. Le lieutenant commande posément, d'une voix brève. Le petit peloton fait feu. Les cavaliers ennemis ripostent de leurs carabines, et, tournant bride, au grand trot, ils disparaissent.

Encore une fois, je crus tout sauvé et la France délivrée! Nous allions criant victoire, quand je vis les Piémontais redescendre et nous quitter à leur tour. Même notre lieutenant passa le sabre dans le fourreau. Alors, mais alors seulement, je commençai à croire ce que nous avait annoncé le messager.

Est-ce que je sentais ce qu'il y avait de solennel en de pareilles heures, même dans la plus chétive bourgade, telle que la nôtre? Je sentais au moins que rien de semblable ne s'était passé depuis que j'étais au monde. Il me semblait aussi que j'assistais à un tremblement de terre et que la dernière journée du monde approchait. L'angoisse, la curiosité, la stupeur, me ramenaient perpétuellement sur cette grande route déserte, où se décidait notre sort.

J'avais atteint le haut d'une montée. Je regarde. Je vois une longue, interminable file de cavaliers jusqu'au bout de l'horizon. Il étaient couverts de manteaux blancs, car il pleuvait. Ils venaient lentement, en silence, les deux rangs écartés, aux deux bords de la route. Comme ils n'avaient rien de menaçant, j'attendis qu'ils fussent tout près pour rentrer à la ville et annoncer leur arrivée à ma mère.

La plupart des femmes avaient fui. Ma mère était au-

dessus de ces terreurs vulgaires; elle était demeurée; nous
nous mîmes tous les deux à la fenêtre. A mesure que les
cavaliers (c'étaient des dragons de la Tour) passèrent sous
nos fenêtres, je sentis un brisement de cœur, tel que je n'en
avais jamais connu. Ma mère pleurait; et Dieu sait que dans
ces larmes il n'y avait aucune crainte ni pour moi, ni pour
elle, ni aucun retour personnel, mais le deuil de la France,
le sentiment profond de sa chute, le pur et immortel culte de
l'indépendance et de la gloire, en face de ces sabres nus qui
ne menaçaient que la patrie. Jamais plus nobles larmes ne
furent versées qu'à cette heure-là. Car ma mère, ai-je dit,
haïssait mortellement l'Empereur; et maintenant elle pleurait sur lui aussi bien que sur la France. Voilà donc à quoi
avaient abouti tant de victoires! tant d'efforts prodigieux!
Qui eût cru que jamais on eût vu ce jour-là! Et que pouvait-il
annoncer? Le bruit des pas des chevaux résonnait, au milieu
du silence des hommes, comme sur une tombe.

Un officier allemand qui vit ces pleurs en fut étonné; il
avoua plus tard qu'il les avait attribués à un sentiment personnel, à la perte d'un fils ou d'un frère.

Chez le plus grand nombre, en effet, la stupeur empêchait
toute démonstration, même le deuil. Quelques-uns, très rares
dans nos provinces, sentirent, dit-on, une joie odieuse. Mais
pour ceux-là, ils osèrent encore moins la montrer.

Depuis ce moment, on a cessé en France d'avoir la vie
légère. Auparavant, même dans le plus grand péril, on gar-
dait une certaine sérénité. Elle s'est perdue et ne se retrou-
vera pas.

VI

Quatre cavaliers vinrent avec leurs chevaux s'installer chez nous. Leurs uniformes, leurs armes, tout me paraissait hideux. Au reste, ces premiers venus se montrèrent bonnes gens. Ils voulaient évidemment se rendre agréables; ils ne se sentaient point en sûreté et paraissaient eux-mêmes étonnés de se trouver parmi nous. J'avais une ménagerie complète d'animaux; je tremblais pour elle. Ils respectèrent tout, mes lapins, mon écureuil, mon corbeau, ma perdrix, jusqu'à mon bel épervier qui, sans se laisser effaroucher par ces hôtes, voletait devant moi et se dérangeait à peine au bruit des éperons des cavaliers.

Ces hommes, qui étaient Hongrois, me parlèrent latin. Je fus très étonné de les comprendre. Je n'imaginais pas qu'on pût comprendre le latin, encore moins le parler. A peine étais-je bien convaincu que les anciens en eussent été capables. Cependant, par curiosité, peut-être aussi par nécessité, je m'enhardis à prononcer quelques mots; depuis cet instant ma langue se trouva déliée. Ce que je n'eusse jamais osé devant mes camarades, ou devant mon maître, je le faisais hardiment et couramment avec ces barbares. Car ils étaient tels à mes yeux. Puis, je me rendais vraiment utile; et ce sentiment me donnait l'audace qui m'eût manqué. On ne pouvait plus s'entendre sans moi à l'écurie, au fenil, à la buanderie, à la cuisine. Les domestiques n'osaient guère approcher, la peur leur ôtant la raison, et il ne fallait pas songer à mon père pour servir de truchement. Il était absent dans ces premiers jours. Quand il revint, l'horreur qu'il éprouvait pour ces étrangers, jointe à son impatience naturelle, ne lui eût certes pas permis de leur adresser familièrement la parole. Il n'eut d'autre commerce avec eux que de

s'en faire servir comme de ses propres domestiques, à quoi
ils se prêtèrent avec une douceur incroyable. Car il n'allait
plus à la pêche, son grand plaisir, sa seule distraction dans
ces temps, sans que deux ou trois de ces barbares ne lui
portassent en silence, derrière lui, son lourd épervier, son
sac à appât et sa filière à poissons. Il commandait d'un
geste; eux obéissaient, sans qu'il daignât échanger avec eux
une parole pendant des journées entières.

Pour moi, mon rôle d'interprète faillit être interrompu
tragiquement. Un soir que je servais d'intermédiaire entre
un soldat et un marchand de pipes, le soldat se crut lésé.
Comme nous nous retirions, il me jeta ces mots, que je n'ai
point oubliés : *Te verberabo* (*Je te fouetterai*). Ces mots me
remplirent, non de crainte, mais de honte. La pensée d'être
frappé par un de ces étrangers me rappela toute la distance
qui nous séparait. Je me sentais comme flétri de cette seule
menace. Aussi refusai-je de prononcer un mot de plus devant
de pareils hôtes. En vain ils descendirent aux prières et même
à la flatterie, répétant, ce qui était vrai, que je parlais bien
mieux latin que mon maître. Je ne me laissai pas fléchir.
Tout était changé depuis ce fatal *Verberabo*.

Une autre circonstance vint l'aggraver encore. Un cavalier
de notre voisinage fut dénoncé par un habitant pour une
peccadille et condamné au supplice du bâton. Notre jardin
fut choisi pour le lieu de l'exécution. Elle nous remplit
d'horreur. Les cris de ce malheureux perçaient les airs.
Nous nous étions enfuis dans la chambre la plus reculée;
mais les gémissements arrivaient jusque-là; nul moyen d'y
échapper. Par bonheur, mon père se trouva absent à cette
heure-là; il eût éclaté sans mesure. Pour nous, ce fut un de
nos jours de deuil. Le sentiment de la dignité humaine était
si vif, si impétueux dans nos cœurs! car ce qui nous désespérait à ce point, ce n'étaient pas seulement les cris de cet
homme, c'était l'abjection du châtiment. Nous la faisions

Un soldat me jeta ces mots : *Te verberabo.*

retomber sur tous ces étrangers. Je ne voyais plus sans horreur passer les sous-officiers, traînant avec leurs sabres leurs
bâtons de coudrier. J'associais l'idée de ce vil supplice à tout
ce qu'amenaient après elles les armées étrangères. Les Bourbons, lorsque j'entendis enfin parler d'eux, ne gagnèrent
rien à ce rapprochement.

Où était notre hôte de l'île de Cabrera? où étaient nos soldats français? Ce ne sont pas eux qui eussent enduré cette
infamie. Que devenaient-ils? Vivaient-ils encore? Étaient-ils
blessés? Les reverrions-nous jamais? Avec quelle ardeur notre
pensée allait au-devant d'eux! Car Paris n'était pas encore
rendu et nous ne désespérions pas de les voir reparaître.
Pour nous consoler, nous dessinions au lavis les uniformes
de tous les corps français que nous savions exactement, religieusement par cœur, infanterie, cavalerie, artillerie; nous
les affichions sur les murailles, en face de l'ennemi. Ces
petits ouvrages, qui absorbaient nos jours, auraient dû me
donner le goût du dessin, si j'y avais eu la moindre aptitude.
Mais je ne voyais dans ce travail que le ressouvenir de mes
héros.

Les soldats étrangers arrivant chaque jour à flots eurent
bientôt envahi le jardin, les escaliers, les corridors. Nous
cherchâmes un refuge. Je trouvai le mien dans le bateau qui
était amarré au fond du jardin. J'en pris possession; j'y
passai ma vie. Quoique la rivière fût partout très profonde
et encaissée en forme de canal, on ne m'interdit jamais de
m'y aventurer seul ou avec mes compagnons; et c'était là
encore l'effet d'une des maximes de ma mère, qu'un enfant
doit apprendre à tout braver dès ses premières années. Le
conventionnel détournait la tête en frémissant quand il nous
voyait nous embarquer ainsi par tous les temps. J'avais au
reste acquis une habileté rare à diriger mon bateau. Je
plongeais au fond de l'eau de lourdes nasses lestées de
pierres, garnies d'un pain d'amorce, et je les en retirais

6

le lendemain toutes foisonnantes de brêmes plates comme la
main, de perches au dos hérissé, de tanches dorées, et dans
les bons jours de barbots goulus et de grosses anguilles. Je
tendais des lignes dormantes, mais j'aimais surtout naviguer
pour le plaisir de naviguer. Quand j'avais poussé au large et
perdu le fond, ce qui arrivait dès le premier coup de rame,
j'éprouvais un ravissement d'indépendance sauvage, dont je
ne pouvais me rassasier. La rivière, où nous ne rencontrions
jamais une autre barque, devenait notre domaine. Plus de
regards sur nous, plus de témoins! Et nous allions loin à
l'aventure! Nous nous engouffrions en pleines ténèbres, sous
un quartier bâti sur pilotis. Nous n'avions pas moins entrepris que de remonter à la source du fleuve, de descendre à
son embouchure. Et de là, où ne nous conduirait pas l'amour
de l'inconnu! Je lisais justement alors le capitaine Cook.
Nous irions donc compléter ses découvertes, si malheureusement interrompues par sa mort.

Au milieu de ce ravissement, je me trouvai un beau jour
au fond de la rivière, avec le fils du conventionnel. La
maladresse d'un compagnon, qui voulut amarrer brusquement la barque, en fut cause. Nous avions été renversés
par-dessus bord, la tête la première. Nous devions cent fois
périr. Par le plus grand hasard du monde, nous eûmes pied,
nous fûmes sauvés, et c'était pourtant un des endroits les
plus dangereux. Nous revînmes à la nuit close, sans tirer
gloire de notre aventure. Elle s'ébruita, et nous dûmes
suspendre pour une saison nos voyage de long cours.

Ce temps fut mis à profit pour des occupations moins
sereines. Depuis que tout était en paix dans l'Europe, je ne
sais quelle fureur de guerroyer s'était emparée de nous. La
guerre déclarée entre les deux quartiers de la ville, chaque
matin nous montions à l'assaut d'une ancienne léproserie,
et ce n'était pas là un simple amusement. Armés de pierres,
de mottes de terre, de frondes, de perches, nous nous élan-

cions les uns contre les autres et nous frappions avec une
inconcevable rage. Près de là étaient nos feux, nos bivacs.
Dans les moments de trêve, on s'enfonçait dans les bois, et
en écorçant les arbres, nous nous faisions des armures
complètes, cuirasses et brassards, d'écorce de peupliers.
Ainsi caparaçonné, chacun revenait avec une fureur nouvelle
à l'assaut des poternes et des vieilles tours inexpugnables.
Nous ne manquions guère d'être précipités sous une grêle de
pierres, et pour retraite nous n'avions qu'une ruelle sans
issue. Nous y étions poursuivis à outrance par le vainqueur
qui profitait inhumainement de l'avantage des lieux.

Qu'est-ce qui nous poussait à cette folle guerre? Comme
elle se passait sous les yeux des bivacs autrichiens, nous
étions soutenus par les regards, par les cris des soldats. Et
il me semble que dans cette sorte de fureur il y avait un
certain désir de montrer à ces barbares de quoi nous serions
capables un jour contre eux. Les menues blessures ordinaires
étaient les yeux pochés, les bras démis, le corps ankylosé.
J'avais à la lettre un chirurgien attaché à ma personne, et il
n'était pas médiocrement occupé. Un soir, je rentrai, tenant
mon bras gauche dans ma main droite. Mon chirurgien le
crut d'abord cassé, il n'était que démis. C'était un coup de
perche qui en guise de lance m'avait étendu sur le pavé, où
j'étais resté à demi assommé à la grande stupéfaction de
mon vainqueur. Il eut la générosité de me rendre mes armes
et de m'accompagner jusqu'à mon logis.

J'y fus retenu plus d'un mois. Outre que je portais avec
orgueil mon bras en écharpe, je revins forcément à quelques
arts de la paix. J'appris, par exemple, date importante! à
faire des bagues, d'abord en crins, puis en cheveux; pour
cela, j'avais un manuscrit où était marquée la composition
de chaque lettre. Je m'adonnai tout entier à cet art, avec un
engouement, une passion que le succès eût dû récompenser.
Je fis des bagues pour toutes les belles qui vinrent me visiter,

pour toutes celles même qui s'intéressèrent à ma blessure;
mais je distinguai la devise des premières par un cœur ailé,
percé de flèches, malgré la difficulté de l'œuvre où je faillis
échouer.

J'augmentai aussi la masse de mes connaissances par la
lecture des *Quatre fils Aymon* qui me donnèrent mes premières notions du moyen âge et de la chevalerie. De plus,
j'appris, vers ce temps-là, d'un chanteur public, la complainte
du *Juif errant* que je ne devais plus oublier.

Telles furent mes principales acquisitions intellectuelles
dans le courant de ce printemps de 1814. Cependant, tant
que dura ma convalescence, mes compagnons restèrent l'un
après l'autre en faction à ma porte. De loin à loin, j'appa-
raissais, après quoi je me retirais sous ma tente.

Pendant que nous imitions ainsi puérilement et follement
les jeux de la guerre, tout était joie et fête autour de nous
parmi les soldats ennemis. Ils attachaient des branches de
chêne à leurs shakos. Ils enduisaient de beurre leurs moustaches. A ces apprêts, nous reconnûmes que les barbares
avaient reçu quelque bonne nouvelle. Cette nouvelle était
la prise de Paris, qu'ils se préparaient à fêter. Ce jour-là,
nous nous tînmes enfermés sans mettre le visage à la
fenêtre.

Quand je cherche pourquoi ce printemps de 1814 a été
pour moi une époque de si grande barbarie, je ne puis y
voir d'autre raison, sinon que j'étais séparé de ma lumière.
Celle par qui m'arrivait toute saine lueur, était absente. Ma
mère était allée à Paris, voir de ses yeux le grand changement qui se faisait alors en toutes choses. Je lui écrivais
des lettres à fendre les rochers; elles roulaient toutes sur le
même sujet. Il s'agissait toujours d'acheter à vil prix un
certain fusil de rencontre; occasion unique, magnifique, qui
ne se retrouverait jamais, si nous la laissions échapper. Ce
malheureux fusil, que je ne pus même avoir, absorbait

toutes mes facultés. Il m'ôtait le sommeil; j'en perdais la faim et la soif. Ma mère n'osa jamais montrer une seule de mes lettres à sa sœur, à cause du surprenant vandalisme qu'elles attestaient une dame de Paris n'eût jamais pu s'en rendre compte. Car la douleur poignante que me causait ce fusil était mêlée à la douleur plus cruelle encore de l'absence; et toutes deux formaient un ensemble déchirant, que j'avais véritablement peine à supporter.

A nous juger par nos œuvres, ma sœur et moi, personne n'eût mis en doute que si l'un de nous devait écrire, c'était elle. Du matin au soir, elle écrivait sans relâche. C'étaient des lettres pressantes à sa poupée, des conseils à cette jeune amie sur sa prochaine entrée dans le monde, un journal exact de ses moindres actions et même de ses pensées les plus cachées, les plus intimes; des fables pour se mettre à sa portée, au besoin des réprimandes, plus souvent des contes pour la distraire d'une grande mélancolie qui lui était survenue; des instructions morales, des entretiens théologiques, des sermons pendant le carême, tout cela entremêlé d'avertissements sur la toilette, dans le goût de lord Chesterfield, en un mot, un système entier d'éducation qui devait faire de cette petite personne taciturne un modèle d'amabilité, dès qu'elle serait moins timide; car il ne lui manquait, en vérité, que d'oser ouvrir la bouche pour être sûre de plaire.

Où ma sœur avait-elle pris le modèle et l'idée de cette éducation? Dans celle qu'elle recevait elle-même. Car ma mère fit pour elle ce qui ne put être fait pour moi. Ma mère rédigeait un journal de toutes les actions de sa fille. C'était l'histoire jour par jour des progrès de ma sœur et aussi de ses fautes enfantines. L'éloge et le blâme étaient distribués, suivant l'occasion, avec une impartialité saisissante. Chaque dimanche ma mère lisait avec recueillement ce journal à ma sœur, qui entendait ainsi, comme dans une

bouche étrangère, le récit de sa vie. Combien un pareil
moyen doit être puissant sur une âme novice! Car le ton du
reproche ou de l'encouragement n'a plus rien de personnel.
La louange a plus de prix et le blâme n'a rien d'amer. Nulle
gronderie, nul emportement; la justice seule parle, et ses
arrêts sont comme les tables de la loi! L'enfant sent sur lui
ce regard attaché, qui le suit à chaque heure, veillant et
dormant, sans qu'il puisse y échapper. Quel bon apprentissage ce doit être de la justice et de la vérité!

Ma mère revint de Paris, non pas royaliste, mais assez
émue de ce qu'elle avait entendu et vu des Bourbons. Elle
m'apprenait les noms de ces princes si longtemps expatriés,
qui m'étaient plus inconnus que ceux de la Cour de Gol-
conde. Elle me parlait surtout de la dignité imposante de
Louis XVIII. Pour moi, je ne connaissais et ne voulais connaître que le *roi Cotillon*. Sur ce seul nom, je m'étais formé
un portrait et une histoire fabuleuse de ce nouveau roi. Il
était habillé en femme et filait une quenouille. Je tenais à
cette légende de mon invention avec la force obstinée que le
peuple met dans toutes ses légendes; il était trop tard pour
m'en faire revenir.

Cependant ma fidélité fut mise à une rude épreuve, durant
un voyage que nous fîmes presque aussitôt après dans ma
ville natale. Nous y arrivâmes précisément le jour où le
comte d'Artois y faisait son entrée. Je fus ébahi de voir que
des hommes s'attelaient à sa voiture, à la place des chevaux.
Cet ébahissement devint de l'indignation, de la fureur, de
la rage, de l'imprécation, quand de toutes parts éclatèrent à
mes oreilles les cris frénétiques de : *Vive d'Artois!* Et les
chapeaux étaient garnis de cette cocarde blanche qui, sans
que je susse pourquoi, m'étais si odieuse. Tout le monde
n'était donc pas Bonapartiste à ma manière! Ceux qui
l'étaient hier avaient donc cessé de l'être? Quel bouleverse-
ment dans ma pauvre cervelle! Au premier moment je ne

songeais, pour me venger, qu'à renier ma terre natale, puisqu'elle se reniait elle-même, j'en fus bientôt détourné par un
spectacle qui ne me permit plus de songer à autre chose.

Au plus fort de ma fièvre, on me montra dans le cortège
le maréchal Ney; de ce moment, je n'eus plus d'yeux et
d'oreilles que pour lui. Je ne songeais pas même à me
demander pourquoi il était là. Je le contemplai, j'étais ébloui,
cela me suffisait. Et il me semble que cette succession
rapide dans les sentiments d'un enfant peut expliquer beaucoup de choses obscures dans les sentiments d'une foule, ou
même d'un peuple. Je voyais le maréchal Ney et j'oubliai
tout le reste. Je le vois encore, marcher lentement sur un des
côtés de la route, grand, la taille superbe, la tête droite,
point rodomont, ce qui contrariait un peu l'idée que je me
faisais de tous mes héros, mais calme, serein, souriant
même. Il rencontra des enfants; peut-être le firent-ils penser
aux siens, car il s'arrêta pour les caresser de la main, sous
le menton. Combien je les enviais! mais l'éblouissement me
tenait immobile; je n'osais approcher.

Je n'ai revu le maréchal Ney qu'une seule fois, et dans sa
tombe, lorsque le caveau fut rouvert, après trente ans, pour
recevoir les restes de l'un de ses fils. Je dus m'approcher
pour prononcer un dernier adieu, sur l'invitation de sa
famille. Je vis alors cette bière du maréchal, grande, massive, déjà rongée par les années, et placée en biais, comme
si elle avait été déposée à la hâte et en secret pendant la
nuit.

VII

Le temps n'était pas loin où ma persévérance allait recevoir sa récompense. On était en mars. Les violettes étaient
déjà écloses, et j'en avais une quantité des plus belles dans

mon jardin. Je n'entendais plus personne raconter d'histoires
de batailles. Le père Grenouille était mort et oublié. Mon
maître de collège n'osait plus se souvenir du capitaine de
dragons; les garnisaires autrichiens eux-mêmes étaient
partis; avec eux avait disparu cette exaltation que leur présence entretenait parmi nous. Que faire après une pareille
ardeur? Rentrer simplement, obscurément dans le collège,
dont les salles, vides enfin de fourrage, venaient d'être rou-
vertes? Pouvait-on y songer? Était-ce là une fin pour une
semblable Odyssée?

Cette seule idée me glaçait d'effroi.

Nous avions bien ajouté les masques à tous nos autres
divertissements, et nous nous y étions jetés avec notre
fureur ordinaire. Nous allions le soir passer la tête à travers
les carreaux de papier dans les fenêtres des boutiques, et
nous jouissions de la figure ébahie de celui qui recevait une
visite si inattendue. Chose plus bizarre! Nous allions chercher dans les forêts des carcasses de chevaux dévorés par les
loups et blanchies par les années. Nous nous attelions par
des cordes deux ou trois à l'un de ces grands squelettes; la
nuit arrivée, nous traînions dans la ville notre proie au seuil
de quelque royaliste noté qui avait provoqué notre ressenti-
ment. Le matin, nous nous tenions en embuscade. Et quels
fous rires lorsque nous voyions notre homme ouvrir sa porte
en bonnet de nuit et reculer d'horreur à la vue de l'immense
squelette! Car j'avais soin pour ma part de dresser et de suspendre les miens par des ficelles en forme de Rossinante,
devant ce que je me figurais être le castel de don Quichotte.
Tels étaient nos jeux favoris à nous autres enfants de l'Empire.

Nous en avions d'autres moins effroyables; par exemple,
nous allions chaque soir d'hiver, déguisés et masqués, à un
bal d'enfants, dans une pension de demoiselles, que gouver-
nait une vieille religieuse, la personne la plus tolérante et la

meilleure que j'aie connue. Que de bagues de crins, que de
devises charmantes, que de cœurs percés de flèches, enchaînés,
furent distribués dans ces bals où m'apparut plus d'une Béatrix
de Portinari de douze ans ! Car il faut avouer que ces petites
figures étaient ravissantes et quelques-unes étaient déjà des
beautés accomplies.

Mais cela aussi finit. Comme nous sonnions un soir à la
porte (j'étais déguisé en bailli), la bonne religieuse ouvrit ; ce
fut pour nous congédier presque aussitôt, après nous avoir
appris que le carême avait commencé ce jour-là même. C'était
le mercredi des cendres ; nous l'avions oublié.

L'absence fut cruelle à plus d'un cœur. Il est vrai que je
n'avais pour ces belles aucune préférence. Toutes me semblaient également adorables ; il n'en fut pas ainsi de mes
compagnons. Plusieurs d'entre eux avaient fait un choix.
Pour attendrir ces inhumaines, n'osant parler, ou ne le pouvant, ils entreprirent d'écrire. Grave affaire pour des gens
aussi illettrés que nous l'étions tous. Après d'inutiles essais,
ils s'adressèrent à moi ; à mon grand étonnement, ils me
prièrent de leur composer leurs lettres. Je me demande encore
pourquoi ils s'en fièrent à mon génie plutôt qu'au leur. Quoi
qu'il en soit, j'écrivis, et même j'écrivis avec un plaisir
étrange pour moi. Quelle n'était pas ma surprise de prendre
une plume sans ennui, chose qui ne m'était jamais arrivée !
Le plaisir que je trouvais à composer ces lettres venait surtout de ce que j'étais complètement étranger aux sentiments
que j'exprimais. Je pouvais ainsi me donner ample carrière.
Tout ce que m'avait inspiré la fille d'Agamemnon trouvait
là un emploi naturel. Comme je n'avais aucun secret pour
ma mère, je ne manquais pas de lui porter ces belles pièces
d'éloquence et de lui demander son avis impartial, qu'elle ne
me marchandait pas. Quant à nos amoureux, très satisfaits
de ma prose, y trouvant l'exacte peinture de leur passion, ils
se contentaient de recopier mes lettres, d'une belle écriture.

moulée sur papier encadré d'or. Tels furent mes premiers
travaux littéraires. Je puis leur donner ce nom, puisque l'invention en fit heureusement tous les frais.

Ce petit commerce de lettres remplit assez bien le commencement de 1815, mais il cessa faute d'aliments. Il était rare
que mes lamentations nous valussent une réponse. Je ne
devais m'inspirer que de mon propre fonds; il n'était point
épuisé. Mais sur ces entrefaites, nos gens se lassèrent d'aimer
et je dus cesser d'écrire.

VIII

Tout nous ayant ainsi manqué à la fois, nos pauvres imaginations ne savaient plus à quoi se prendre. Un grand bruit
vint nous sauver. Il y avait réunion chez mon père; on jouait
au boston. Un voyageur arrive de Bourg : « Vous savez, dit-il, la nouvelle? l'Empereur est revenu de l'île d'Elbe. » A ces
mots la femme du sous-préfet se trouve mal; on cherche du
vinaigre, de l'éther. Il n'en fallut pas tant pour que le bruit
descendît jusqu'à nous. Dieu sait s'il nous trouva préparés.

Il me semble qu'auparavant la légende de l'Empire avait
été pour moi impersonnelle. Je la voyais au loin dans les
armées, dans les bivacs, dans la foule en uniforme. Je crois
que de ce jour-là seulement elle prit à mes yeux un corps
véritable et s'appela Napoléon. Car c'est bien à lui que je
commençai dès lors à m'intéresser, et non plus seulement à
la France armée. De ce moment il se détacha pour moi
comme une figure distincte au milieu de ce grand pêle-mêle
de fourgons, de canons renversés que j'avais vus dessinés
dans les almanachs boiteux et qui composaient pour moi
toute l'histoire. De cet instant, je ne vis que lui; cette impression fut nouvelle pour moi.

Il était débarqué, cela était certain. Mais pourrait-il traverser la France? Quoi! presque seul! Que de dangers à chaque pas, mon Dieu! Ah! s'il devait au moins passer dans notre bourgade! comme il y serait reçu! Car je sentais bien qu'en cela j'avais le même cœur que la foule. Chaque matin l'inquiétude, l'espérance, l'angoisse augmentaient. Était-il au moins sauvé? Tant de bruits contradictoires étaient répandus dans le même moment! Tantôt vaincu, tantôt vainqueur! le plus souvent prisonnier! On parlait même d'une cage de fer. Qu'une pauvre âme d'enfant ait pu survivre à ces chocs, à ces épouvantes, à ces transports pendant douze jours, voilà ce qui m'étonne encore!

Il y avait dans notre voisinage un vieux serrurier, le père Tillier, dont le fils était grenadier de la garde à l'île d'Elbe. La boutique de ce serrurier devint pour moi un lieu sacré. J'avais toujours quelque ferraille à y faire raccommoder, attendant les nouvelles; mais il n'en vint aucune et le grenadier ne parut pas.

Un soir, un régiment entre dans la ville. Nous étions à table. L'un des commandants de ce régiment frappe à la porte, monte, se présente avec son billet de logement à la main. Mon père le fait asseoir à côté de lui. L'officier refuse de manger, il n'a ni faim, ni soif. Il paraît au désespoir; bientôt il rompt le silence et, se voyant accueilli comme il l'était, il s'ouvre devant nous. Il raconte qu'il est inconsolable, car il est partagé entre son affection et son honneur. Lui, vieux soldat, illustré l'année précédente à la défense du fort de Huningue, il a prêté serment au roi, il est résolu à tenir ce serment. Mais quelle situation! Le voilà arrivé au moment de la crise, à l'endroit où se croisent les deux routes de Bourgogne et du Bourbonnais. Il veut entraîner son bataillon loin de la première que suit l'Empereur; il le veut, il va le tenter. Mais réussira-t-il? Ce doute le désespère. Aussi bien le voisinage des aigles a fasciné les soldats. Demain, s'ils obéissent encore, ils se raviseront, ils feront volte-face une heure après. Abandonné, méconnu, pas un n'écoutera sa voix.

Et des larmes inondaient son visage martial.

Je ne perdais pas un mot de ses paroles, et quoique je fusse certainement troublé du désespoir que montrait ce brave officier, j'étais au fond ivre de joie à la pensée que ce beau régiment irait donc grossir l'armée de mon héros de l'île d'Elbe, pour lequel je tremblais déjà depuis tant de jours.

Le lendemain, par un brillant soleil de mars le régiment se réunit de bonne heure; il obéit, il va joindre les Bourbons. C'en est fait, il est parti dans la direction de Moulins qui l'éloigne le plus de l'Empereur. Tout rempli de ce que nous avait dit le commandant, je cours à sa suite dans la campagne. Malgré les fâcheuses apparences, j'avais déjà attaché à ma casquette une petite cocarde tricolore, que j'avais eu soin cependant de cacher aux yeux de mes parents sous un bouquet de violettes. Au détour d'un long mur, je vois une troupe revenir au pas de course. Quels sont ces hommes? point de colonel, point d'officiers. C'étaient nos gens de la veille. Ils s'étaient arrêtés sur le grand chemin et avaient refusé de faire un pas de plus, hors de la direction de l'Empereur. Les officiers avaient commandé, prié, supplié, le tout en vain. Ils avaient alors continué seuls de s'éloigner. Mais les soldats revenaient en bon ordre et c'était un sergent-major qui commandait le régiment.

Dès qu'il m'aperçoit : « Petit, donne-moi ta cocarde! » Je ne me fis pas prier. Pour ma récompense, j'eus l'honneur insigne de faire ma rentrée dans la ville à côté du sergent, en tête des troupes. Ma bonne fortune voulut que nous ne passâmes pas sous les fenêtres de mon père. Au reste, qu'avais-je à craindre? Je ne voyais rien, je n'entendais rien. Je ne sentais plus la terre sous mes pieds. Le régiment portait ma cocarde. Voilà le plus grand honneur et le seul que m'ait valu mon bonapartisme.

IX

Une de nos Béatrix nous fit ce jour-là même en échange de quelque bague de crin un drapeau tricolore bordé de magnifiques franges d'or. Sans attendre davantage, nous parcourons les villages voisins, étendard déployé, à travers les prés, les bois, les landes. Quand nous approchions d'un village, nous entonnions à grands cris :

> Il faut partir, Agnès l'ordonne.
> Adieu plaisir, adieu repos!

Premier chant de Béranger qui soit arrivé jusqu'à nous, bien entendu, sans que nous connussions le nom de l'auteur. Ma surprise était grande de ne pas voir les paysans quitter la charrue et les bergers leurs troupeaux pour marcher à notre suite. Car nous mettions dans ce chant une ardeur qui eût dû entraîner les montagnes. Quand nous venions à ces mots :

> Anglais, que le nom de ma belle
> Dans vos rangs porte la terreur!

nos voix épouvantaient les échos.

Plus tard, quand nous vîmes rangé dans le pré le bataillon de garde nationale qui partait pour Belfort, nous le regardâmes avec orgueil. Nos chansons n'avaient-elles pas servi à en grossir les rangs?

Ainsi errant et chantant à travers les bois et les prés, je fis une rencontre qui fut pour moi un terrible augure. Dans un petit taillis, sur un sol émaillé de violettes et de primevères, je trouvai un cadavre. C'était celui d'un soldat. Il avait au flanc droit un large trou fait par une balle. Le sang déjà figé avait laissé une longue trace sur la terre. Il avait la bouche toute grande ouverte et les deux bras étendus, tatoués de fleurs et d'aigles. Personne n'était auprès du mort. J'appris plus tard qu'il venait d'être tué comme il essayait de déserter à la faveur de ce taillis.

Quoi donc! un vieux soldat déserter à pareil moment! Cette image me poursuivait partout. Au milieu de la nuit j'étais réveillé par la vue de ce soldat. Il m'apparaissait rouge de feu, la bouche ouverte pour crier au secours. Alors je me levais sur mon séant, j'aurais voulu crier même. Mais la honte d'avoir peur d'un revenant, la crainte des railleries de mon père me retenaient cloué sur mon lit. Une sueur froide me glaçait. Je restais moi aussi la bouche ouverte comme le spectre.

Une nuit cependant je ne pus résister, tant l'apparition fut obstinée et cruelle. Je couchais à un premier étage dans un corps de logis séparé du reste de la maison. Le soldat mort paraît. Je sors à tâtons de mon lit, de ma chambre, le spectre sort avec moi. Je descends dans les ténèbres les escaliers; en me retournant pour mettre la main sur la rampe, je le revois avec l'affreuse blessure saignante. Je sens l'haleine de feu sur mon épaule. Je parcours l'étroit corridor dans toute sa longueur, et le soldat marche après moi. J'ouvre la porte d'en bas, il entre; je la ferme, je le revois en face. J'approche du lit d'un domestique : « Le soldat! » dis-je d'une voix étouffée. Et il s'avance au bord du lit. Enfin une autre voix que la mienne se fit entendre. Même alors il s'obstina quelque moment encore avant de disparaître.

Cette vision, la seule que j'aie eue de ma vie, avait une réalité, une force persistante que j'essayerais en vain de peindre avec des mots. Ce n'est pas que je crusse aux revenants. Je n'y avais jamais cru. Ce n'était pas non plus seulement une vaine imagination, c'était une véritable obsession dans laquelle tous mes sens étaient complices.

Le lendemain on eut la magnanimité de ne pas me railler.

Personne, pas même mon père, ne me parla du spectre. A la fin il cessa de me tourmenter. En relisant pour la dixième fois, vers ce temps-là, la vision de Macbeth, celle de Hamlet, je ne pouvais m'empêcher de me dire : Moi aussi j'ai eu la mienne!

X

De plus en plus abandonné à toutes les imaginations populaires, vivant de légendes, en faisant moi-même au besoin, que nous importaient l'*Acte additionnel* dont nous ne soupçonnions pas l'existence, les Chambres dont, je crois, nous ne connaissions pas même le nom? Tout cela nous était étranger, comme s'il se fût agi de la Chine. Moi qui me rappelle la moindre circonstance, le moindre objet de ce temps-là, un cuirassier qui passe au trot une lettre à la main, le reflet du soleil sur sa cuirasse, une clarinette et un violon qui jouent un air des *Visitandines* en tête d'un attroupement, un prisonnier qui chante une tyrolienne sur mon bateau, l'écho qui répond derrière une touffe d'arbres, j'ai beau chercher dans mes souvenirs : l'élection de l'Assemblée des Cent-Jours n'y a laissé aucune trace. Le nom, les paroles d'aucun représentant n'arrivèrent jusqu'à nous, dans notre profonde nuit. Je fais une exception pour la nomination du maire de notre village qui fut une fête, une lueur. La liberté pour nous, comme pour la foule, c'étaient les beaux uniformes, c'étaient les beaux grenadiers dont quelques-uns recommençaient à passer et dont nous nous étions remis à colorier les images. C'était loin de nous, dans une région inaccessible, l'Empereur sur son cheval blanc! Je veux bien que la France fût au fond de nos cœurs, et certainement elle y était, mais voilée et enfouie sous notre idolâtrie toute païenne pour un seul.

Combien j'étais alors fortement engagé dans la légende!
Que ne fallait-il pas pour m'en délier! Est-ce à moi de
m'étonner si les masses ont tant de peine à s'en défaire? S'il
m'arrivait jamais de me sentir porté à trop de sévérité pour
les idolâtries du peuple, ne devrais-je pas me souvenir que je
les ai toutes partagées? Et pourtant j'avais près de moi le
remède à ces superstitions dans la sagesse, dans l'esprit de
liberté de mes parents qui n'ont pas pu m'en préserver. Il
m'a fallu éprouver par moi-même ce qu'il y a de pesant dans
le joug d'une renommée qu'on n'examine plus. Encore après
cela, que d'études, que de labeurs soutenus, que de loisirs
employés à ma seule libération avant que d'échapper au servage d'un grand homme et d'oser lui demander compte de ma
servitude passée!

XI

Jusque-là, je n'avais jamais lu un journal; à peine si j'en
avais vu par hasard. Tous les matins un capitaine en retraite,
monté en pleine rue sur un banc de pierre, faisait lecture
devant le peuple assemblé et silencieux de ce que l'on appelait les *papiers*. Ce mot seul, qui sentait le grimoire, m'eût
éloigné de ces assemblées taciturnes. Je n'acceptais pour
valables que les nouvelles qui m'arrivaient toutes vivantes,
de bouche en bouche, transformées et élevées à mon niveau
par les imaginations de chacun. C'est ainsi que j'appris le
récit de la bataille de Waterloo; je l'ai entendu bien des fois,
en des pays différents, dans la bouche des paysans, des
manouvriers, et toujours le même. Quelle n'a pas été ma
surprise il y a quelques jours, lorsqu'à quarante-deux ans et
deux cents lieues d'intervalle, j'ai entendu ce même récit tel
que je l'entendis pour la première fois d'un homme du faubourg du Calvaire :

« L'aide de camp de l'Empereur est monté sur une colline et il a dit : « Sire! je vois une armée innombrable de Prussiens!

« Napoléon monte à son tour et il regarde avec sa lunette.

« — Non, dit-il, vous vous trompez; ce sont nos gens, c'est Grouchy. Vous avez peur! vous vous trompez.

« — Sire, dit l'aide de camp, je vous le dis, c'est une armée de Prussiens.

« — Alors, dit l'Empereur, nous sommes perdus, nous sommes trahis! »

Voilà aussi la première impression que nous reçûmes de la bataille. C'est celle qui a persisté jusqu'à nos jours, la trahison!

Peu à peu quelques détails historiques se mêlèrent à notre légende. Notre maître d'école insistait sur la manœuvre de la cavalerie qui, disait-il, avait tout perdu par son trop de courage, chose qu'il avait éprouvée par lui-même plus de vingt fois en sa vie. Mon père était consterné, ma mère aussi, et je ne l'étais pas moins qu'eux. Dans la région légendaire où je vivais, les événements qui suivirent nous échappèrent; la bataille seule fit impression sur nous.

Waterloo nous apparut en réalité par les premiers soldats débandés qui arrivèrent dans notre bourgade. Ces uniformes mêlés, ces cavaliers, ces lanciers à pied, confondus avec les fantassins, tous un bâton blanc à la main, pour rentrer dans leur village, ces soldats, déjà redevenus à moitié laboureurs, ôtaient jusqu'à l'idée de l'espérance.

Avec quelle anxiété nous les interrogions! Mais nous ne tirions jamais d'eux que la même réponse : la trahison! Comme ma mère pressait de questions deux soldats qui logeaient chez nous, voici la réponse que j'entendis : « Le soir, le maréchal Ney est venu devant le régiment : « Allons, « mes enfants, retournons à l'ennemi!... »

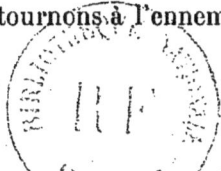

7

Je n'ajouterai pas ce qui suivit. La panique durait encore
à deux cents lieues du champ de bataille!

Il ne restait plus qu'à attendre de nouveau les hôtes étrangers de l'année dernière. Ils revinrent, et je me trouvai
encore au même endroit de la route pour les apercevoir de
loin. Plusieurs de ceux que nous avions vus l'année précédente reparurent, mais ce n'étaient plus les mêmes hommes.
Ils ne craignaient plus rien et ne pensaient plus à se faire
tolérer. Les étrangers se montrèrent plus farouches, nous
nous tînmes plus à l'écart. J'y perdis à peu près tout mon
latin rustique. D'ailleurs nous fûmes bientôt submergés par
le déluge d'hommes qui passèrent sur nous.

Pendant que tous nos voisins se croyaient mieux garantis
et peut-être plus honorés s'ils avaient des officiers pour garnisaires, mon père et ma mère avaient demandé comme une
grâce qu'on leur envoyât seulement de simples soldats. Ils
pensaient qu'ils pourraient échapper ainsi plus facilement
à toute communication avec les étrangers, et s'épargner le
supplice de les voir de trop près. La dépense se trouva plus
grande, parce que notre maison ne désemplissait plus de
barbares. Nous en avions quelquefois jusqu'à trente à la fois.
Mon père avait abandonné les trois quarts de son logement à
ce qu'il nommait ses *hordes de goujats*; il se réserva pour lui
et pour nous cinq pièces, dont aucun d'eux ne dut approcher, convention qui fut strictement observée. Pendant tout
le temps que dura l'invasion, pas un seul étranger ne parut à
la table de mon père, ni ne se permit de s'asseoir à son foyer.
Si cette règle eût été enfreinte, je ne sais ce qu'il eût fait,
mais il ne l'eût pas enduré patiemment.

XII

Dans ce pêle-mêle, une chose eût dû me donner dès lors le goût passionné de l'étude. C'était de voir, au milieu du fracas de ces traîneurs de sabres, mon père s'asseoir chaque matin tranquillement à sa table de travail. Retranché derrière un paravent, il formait autour de lui comme une enceinte sacrée, ouverte seulement aux méditations les plus hautes, les plus profondes, que les hourras de la foule étaient incapables de troubler. Il avait embrassé un travail colossal, trop colossal peut-être, dont la première partie seule a été publiée, sur la théorie du magnétisme terrestre, qu'il identifiait dès ce temps-là avec le principe de l'électricité. Non content de tracer les lois générales de ce grand sujet tout neuf encore, il avait entrepris de calculer les tables de l'inclinaison et de la déclinaison pour toute la surface de la terre. Ces calculs gigantesques qui eussent exigé le calme de la retraite et toute une classe de l'Institut, il les poursuivait dès l'aube du jour, sans se laisser distraire un moment par tout ce tumulte de vandales qui remplissait sa demeure. C'est au milieu de ces hordes qu'il entassait ses formules, ses équations, ses chiffres. A peine s'il s'interrompait un instant quand les tambours tyroliens, les trompettes hongroises venaient s'exercer à sa porte. Il se levait, il les congédiait d'un signe de tête, et revenait aussitôt à la courbe de l'équateur magnétique[1].

Qui n'eût pensé qu'une telle ardeur de découvertes jointe à un esprit original et pénétrant, n'eût fini par lui assurer un nom dans les sciences! Cependant il n'en fut rien, tant les

1. La préface seule de ce grand ouvrage a été publiée sous le titre : *Mémoires sur les variations magnétiques et atmosphériques du globe terrestre, avec un prospectus des tables de la déclinaison et de l'inclinaison de l'aiguille aimantée sur toute la terre*, présentés au Bureau des longitudes par Jérôme Quinet; Bourg, 46 pages.

circonstances furent accablantes pour lui. Ses travaux, soutenus pendant quarante années d'une persévérance sans égale,
devaient rester ensevelis. Tout ce qu'il devait en retirer, c'est
de confirmer par son exemple cette vérité éclatante : que des
hommes doués des facultés les plus rares, les plus énergi-
ques, meurent ignorés, faute d'une circonstance favorable
pour les produire au jour. Isolés, ils s'embarrassent en des
chemins où personne ne les suit. Ils font des découvertes;
mais comme elles ne viennent pas à la lumière, ils laissent
le temps à d'autres hommes de les faire à leur tour et n'en
retirent aucun honneur. Leur nom arrive toujours trop tôt ou
trop tard pour la renommée. En revanche, combien de sots
parviennent à un facile triomphe! Le talent, le génie même
ne sont que des promesses. Il y faut joindre l'étoile : où elle
manque, tout manque.

Mon père eut pourtant une joie, une seule, dans cette
recherche infatigable de la vérité. Il avait annoncé d'avance
formellement à la Société de géographie de Paris, et à son
président, M. le contre-amiral de Rossel, que l'*inclinaison
actuelle doit être de zéro à l'équateur vers longitude cinq à six
degrés à l'orient de Paris.* Il demandait que des observations
fussent faites à ce sujet dans le golfe de Guinée. Ce qu'il avait
deviné théoriquement, seul, sans nul secours, du fond de sa
bourgade, fut confirmé à la lettre dans le voyage de découvertes de l'amiral Duperrey. Le capitaine Sabine trouva à
l'île portugaise de Saint-Thomas *zéro d'inclinaison, à cinq
degrés environ de longitude orientale.* Quel bruit n'eût pas
fait d'une découverte pareille un savant en crédit! Et qui
jamais entendit parler de celle-là [1]?

Quand je le voyais, sa table embarrassée jusqu'aux bords
de ses immenses calculs, j'éprouvais un certain étonnement

1. Voir *Mémoires sur les variations magnétiques,* etc., par Jérome Quinet,
p. 46.

de ce que l'amour de la science pût remplir ainsi des jours entiers. Par malheur, cette admiration stérile n'allait pas plus loin. Ma mère lui demanda un jour en quoi consistait la félicité éternelle des justes après leur mort? « Dans la connaissance des secrets de l'univers », répondit-il. Cette réponse m'est restée. Mais je n'en tirai aucun fruit. Le voisinage et l'exemple de cet esprit supérieur furent perdus pour moi, au moins en ce qui touche l'étude. Son extrême sévérité me faisait associer je ne sais quelle idée terrifiante à ces sublimes mathématiques, auxquelles je devais prendre quelque goût, mais beaucoup plus tard.

Tandis que dans la chambre de mon père je ne voyais que chiffres entassés, aiguilles à aimant, machines électriques, tables de logarithmes, que j'osais à peine regarder du coin de l'œil, tant cela me paraissait ressembler à des grimoires de nécromancie, à deux pas de là, dans la chambre de ma mère, j'étais sûr de trouver dès mon entrée quelque beau livre qui m'attendait pour me transporter dans un monde enchanté : la *Jérusalem délivrée*, puis l'*Arioste*, sans compter *Hamlet* et *Macbeth*, que je ne quittai plus, jusqu'au jour où on me les confisqua au collège comme un livre plein d'exemples dangereux pour un enfant bien né.

XIII

Avec l'exemple que je recevais de tels parents, comment devenais-je de plus en plus un fervent disciple de la force et du hasard?

Ce n'était point un désir puéril de contradiction. J'aimais la fierté de mon père. Je ne trouvais rien à répondre aux plaintes de ma mère contre la dureté du maître. Mais, excepté eux, personne ne prononçait jamais devant moi le mot de liberté;

personne ne semblait la regretter, ou même s'apercevoir de
son absence. On désirait que la guerre finît, sans le dire même.
Mais ces plaintes étranges sur l'oppression de l'âme, sur
l'étouffement de la pensée, je ne les entendais jamais ailleurs
que dans la chambre de ma mère. Je ne doutais pas que ces
plaintes ne fussent fondées, mais je me serais gardé de les
répéter à d'autres, certain qu'elles eussent provoqué la risée.
Surtout je ne faisais aucun effort pour me détacher de mon
héros.

Ce n'est pas que je connusse l'histoire de sa vie. Assurément, je n'eusse pu dire pourquoi je l'avais choisi de préférence à tant d'autres.

La légende de Montebello sur son brancard, voilà tout ce
que je savais avec quelque certitude de l'histoire de mon
temps.

Le reste m'apparaissait au milieu d'une confusion de caissons et d'affûts abandonnés dans la plaine. La pensée que
mon héros avait sauvé la Révolution n'entrait pas davantage
dans ma préférence pour lui. Cette idée n'était pas arrivée
jusqu'à moi. Je ne ne l'entendis jamais exprimer par personne.

Qu'est-ce donc qui m'attirait invinciblement vers ce nom?
J'étais ébloui sans savoir par quelle lumière. Je me sentais
enveloppé d'une splendeur avec laquelle ma raison de onze ans
ne pouvait se mesurer, et il me semble que le peuple, dont
je partageais toutes les impressions, n'aurait pu lui-même
donner une autre explication de son éblouissement. Il avait
comme moi une imagination d'enfant et une raison d'enfant.
Comme moi, il était subjugué par une puissance qui lui était
trop supérieure. Dans le fond, nous adorions les uns et les
autres la force aveugle, sans l'appeler par ce nom. Elle était
à elle-même sa raison, son droit; nous ne lui demandions pas
autre chose.

Mes parents jugèrent qu'il serait impossible de me disputer

à cet entraînement des masses qui avait la force d'un élé-
ment; ils n'entreprirent pas une lutte ouverte. Mais sous mon
idolâtrie, ils semèrent l'amour ardent de la liberté, de la
dignité humaine, se confiant à l'avenir du soin de m'éclairer
sur ce qu'il fallait conserver ou rejeter. Au risque d'anticiper
çà et là de quelques années, je dois insister sur ce point.

De l'éducation opposée que je recevais de mes parents et de
la foule au milieu de laquelle je vivais, il résultait insensiblement deux directions en moi, et j'avais la plus grande peine
du monde à les concilier. J'adorais ce que tout le monde ado-
rait; en même temps j'avais la plus grande aversion pour les
tendances d'esprit cachées sous mes idolâtries. C'est de quoi
je m'aperçus dès que je m'avisai de réfléchir. Toutes les pensées qu'on exprimait devant moi me blessaient, ou plutôt,
j'étais oppressé par cette haine de la pensée que je trouvais
partout et qui n'était qu'une imitation ou un excès d'empressement à obéir. Ma pauvre intelligence encore brute faisait
effort pour s'éveiller; elle ne rencontrait que le vide autour
d'elle. J'étais dans la situation d'un homme qui naîtrait dans
un désert, où il ne trouverait pas une goutte d'eau. Je souffrais de cette aridité, sans savoir pourquoi je souffrais.

Ce qui m'étonnait le plus, c'est que des choses claires pour
moi n'existaient pas pour d'autres, ou leur étaient inintelligi-
bles. J'entendais des gens que je mettais avec raison à cent
piques au-dessus de moi répéter à toute occasion et d'un air
sardonique : *Je ne comprends pas*. Ces quatre mots composaient le fond de la langue d'alors; ils les répétaient à propos
des sentiments qui m'étaient le plus naturels, le plus fami-
liers, qui étaient pour moi comme la respiration. Ils les redi-
saient surtout imperturbablement à propos des livres que
j'apprenais à connaître et que j'aimais le mieux : Mme de
Staël! — Je ne comprends pas. — *Hamlet!* — Je ne comprends
pas. — *Macbeth!* — Je ne comprends pas.

Il en fut de même, sans exception aucune, de tous les

ouvrages qui m'ouvrirent peu à peu les yeux à la lumière.

Cette réponse uniforme, générale chez ceux que j'étais le plus accoutumé à respecter, me consternait. Car j'admettais bien que ce qui me semblait admirable pût paraître pitoyable à d'autres. J'avais une trop juste idée de mon ignorance pour ne pas me défier de moi-même. Mais plus je m'en défiais, moins j'admettais qu'il fût possible que les autres n'entendissent pas du premier coup ce que moi j'entendais avec mon intelligence, que je sentais si sourde et si grossière. Mon humilité se refusait absolument à cette pensée. Quand donc je surprenais dans la bouche des autres ces mots sacramentels : *Je ne comprends pas*, je ne pouvais y voir qu'une certaine malice orgueilleuse qui desséchait ma raison naissante. Si l'on m'eût dit : Ce que vous prenez pour beau est laid, pour vrai est faux, pour grand est petit, j'aurais profité de ces avertissements : du moins je me serais incliné avec douleur devant cet arrêt. Mais la prétention de ne pas comprendre ce que moi je comprenais me désorientait entièrement, elle me jetait dans un vrai désespoir. Je n'osais plus me fier à l'évidence.

Que me restait-il alors à faire? A chercher les lieux les plus déserts; et j'avais trouvé à trois lieues de la ville une colline enveloppée de sapins, surmontée d'une ruine, qu'on appelle la *Corne d'Arthus*. Je portais mes livres les plus chéris dans cette ruine. Je les lisais à haute voix, avec des larmes de rage, de confusion et de surprise. Je prenais à témoins les rochers, les bois qui m'entouraient, les éperviers qui passaient sur ma tête; je me disais : « Ils comprennent, eux, comme moi, si les hommes ne veulent pas comprendre! »

Combien de temps il m'a fallu pour reconnaître que s'il y avait de la malice dans cette prétention de ne pas entendre, il y avait aussi quelque sincérité! Les esprits les plus cultivés avaient été retenus dans un tel vide, qu'ils avaient réellement perdu la trace des idées vivantes; la langue même en était oubliée, comme celle de la liberté. Ils ne pouvaient y revenir. C'était même une souffrance intolérable pour eux que le voisinage de pensées auxquelles ils ne pouvaient plus s'élever. Dans un trop long servage, l'âme avait perdu ses ailes et maintenant elle s'en vengeait par le ricanement.

Mon éducation avait fait de moi un barbare, je l'avoue. Mais si j'avais la rudesse du barbare, j'avais quelques-unes de ses qualités : l'intelligence ouverte à tout ce qu'il y avait de fier, de hardi, d'entier, et je pourrais dire de primitif dans la pensée des autres. Aussi étais-je entraîné par une force irrésistible vers les grands poètes abrupts.

Ce qu'il y avait de plus inculte chez eux était ce qui m'attirait le plus. Mais ces grands hommes, c'était là aussi un secret à garder; et qu'y avait-il alors de plus ridicule au monde après Mme de Staël que Shakespeare, Goethe, Schiller, quand ces noms arrivèrent par hasard jusqu'à nous?

C'est peut-être à cette barbarie prolongée que je dois de n'avoir jamais été dupe des grands pastiches d'Ossian, dont tout le monde se disait engoué sur la foi de Napoléon, car c'était son poète. Un de mes camarades s'appelait Oscar. Je n'eus pas de repos que je n'eusse lu les plaintes d'Ossian sur Oscar. Elles ne répondirent pas à cette nature première que j'avais conservée en moi. Fingal, Malvina, Carril me laissèrent froid; il me semblait toujours que j'étais beaucoup plus capable de vraie sauvagerie qu'ils ne l'étaient eux-mêmes.

L'éclosion de l'intelligence était ainsi une vraie douleur en ce temps-là. L'ironie est en effet une puissance terrible lorsqu'elle est dirigée contre un enfant, et c'était l'arme de presque tout le monde contre toute idée nouvelle, tout sentiment ingénu, contre tout l'univers moral, condamné sous le nom d'idéologie.

De mon côté, il y avait aussi des choses claires pour les autres et qui m'étaient absolument incompréhensibles. Quand sous les oppressions, les iniquités, les drapeaux divers, j'entendais des ouvriers, des artisans dire : « Après tout, je suis pour celui qui me paye ». Ou encore : « Qu'importe à celui qui ne se mêle pas de ce qui ne le regarde pas! » Quand j'entendais ces paroles qui ont si souvent frappé mes oreilles, je ne pouvais non plus les croire sincères. Je croyais toujours que ceux qui parlaient ainsi voulaient railler ou dissimuler. Quelles épreuves il m'a fallu avant d'admettre que des paroles d'esclaves fussent possibles, même en plein esclavage!

XIV

Pour achever de mater nos passions soldatesques, on avait pris pour règle de me faire apprendre tout ce qui pouvait être enseigné d'utile ou d'agréable dans notre bourgade. Si l'on avait voulu seulement m'apprivoiser par la musique, le but se trouva bien dépassé.

Le violon, dès que je l'entendis, fut pour moi la première révélation d'un monde de poésie. C'est par ce chemin, je crois, et par les contes de fées que je me sentis introduit dans les régions vraiment imaginaires.

Je trouvais dans les sons tantôt fluets, tantôt graves qui sortaient de ce petit corps si frêle, je ne sais quelle impression de magie; ils me faisaient penser aux voix de la fée Morgane et de l'oiseau bleu couleur du temps, car j'étais attiré bien moins par ce que j'entendais que par ce que je me figurais. Aussi dès la première leçon me sentis-je comme ensorcelé; je ne quittais plus guère mon violon, au grand désespoir de mes voisins.

Le jour ne me suffisant pas, je voulus y employer la nuit. A peine étais-je au lit, je me mettais sur mon séant et je m'armais de mon redoutable archet, jusqu'à ce que le sommeil fût

plus fort que moi. Mon sommeil était plein de sons magiques.
Éveillé avant le jour, je me dressais sur mon lit, et là, debout,
en chemise, de peur de perdre un instant, je commençais aussitôt mes mélodieux accords. La fascination qu'exerçait sur
moi cet instrument, dont je me servais d'une manière barbare, comme tout le reste, amena un incident qui m'oblige
encore de rire toutes les fois que je me le rappelle.

Un jour de septembre, le soleil était à peine levé, tout le
monde endormi. J'étais debout, selon ma coutume, sur mon
lit, et je m'escrimais à de furieux arpèges. Un hussard croate,
réveillé par ce terrible Orphée, s'élance dans ma chambre;
sans me laisser le temps de résister, il s'empare de mon
violon. Mais avant que j'eusse pu m'indigner, quel étonnement! quels ravissements, grand Dieu! quels chants! quels
accords! quelles mélodies inouïes! C'était bien la féerie que
je m'étais représentée. Je restai immobile, pétrifié, les bras
tendus. Cependant le hussard, grand violoniste, se promenait
de long en large, tout à son inspiration, sans faire attention
à mon attitude. Mais voilà que le tableau se complique. Ma
mère, réveillée dans une chambre voisine par ces sons ravissants, s'interroge, s'étonne; elle en croit à peine ses oreilles.
Ce changement incroyable, surhumain, comment a-t-il pu se
faire en une nuit? Quel prodige d'en haut s'est accompli en
moi? Car on ne peut en douter plus longtemps, c'est bien de
ma chambre, c'est de mon violon que partent ces accents
émus, vibrants, enchanteurs, au lieu du charivari ordinaire.

Sans se consulter davantage, sans prendre le temps de se
vêtir, ma mère sort de son lit; elle accourt sur la pointe du
pied pour vérifier le miracle; une servante, ébahie comme
elle, la suit. Elles ouvrent la porte et regardent. Je les vois
et je frémis. Par bonheur, le soldat tournait alors le dos en
marchant vers la muraille opposée. Elles le virent sans être
vues, et n'eurent que le temps de fuir. Bientôt le hussard
s'interrompit et me rendit le violon, comme il l'avait pris,

sans prononcer un mot. Quels rires immodérés quand nous
nous retrouvâmes! Et nous en jouissions d'autant mieux
qu'ils éclataient à la barbe de l'ennemi. Ah! que ces jours
sont loin! que d'années m'en séparent! Du fond de quel
abîme je les aperçois et qu'ils me semblent pourtant être
d'hier!

Au reste, ces moments de joie complète devenaient de
plus en plus rares. Dans les invasions précédentes, je ne
sais quelle espérance, quelle gaîté intrépide avait surnagé
au milieu du déluge. Il me semble que c'est à partir de cette
seconde invasion que la France s'est sentie atteinte et
qu'elle a changé de tempérament. Pour ce qui me regarde,
ce fut un changement à peu près complet dans ma manière
d'être et de vivre. Une tristesse profonde s'étendit autour de
nous. Je m'en sentis enveloppé pendant de longues années.

Comment aurais-je pu y échapper? Je voyais subitement
renié et maudit tout ce que j'avais idolâtré jusque-là. Du
jour au lendemain, ce que j'avais tenu pour sacré se trouva
être un objet d'horreur. Il me fallut d'abord enterrer ma
cocarde, puis mon drapeau bonapartiste. Je m'étais fait
dessiner un aigle dans le jardin. Je l'avais semé de fleurs;
la tête était marquée par des résédas, le corps par des basi-
lics, les ailes étendues par des violettes. Il fallut arracher
l'aigle brin à brin; à quoi je ne pus me résigner.

Ce qui me confondait, c'est qu'en une nuit, ce qui avait
été honneur, vertu, devînt subitement crime, infamie. Et la
condamnation ne s'arrêtait pas aux choses; elle frappait
ceux que j'aimais le plus. D'abord mon maître d'école, le
capitaine de dragons était proscrit. C'est par lui que j'appris
pour la première fois ce mot. Puis des gendarmes vinrent
chercher le conventionnel dans notre maison. Ils fouillèrent
jusque dans mon lit. On le trouva dans un grenier à foin,
d'où il fut jeté en prison. Je savais que là il jouait aux cartes
avec le bourreau, voulant, comme il nous le faisait dire, se

On le trouva dans un grenier à foin.

le rendre d'avance favorable, *dans le cas où il aurait affaire
à lui.* Un peu après, on l'exila à Bruxelles, où je suis venu
prendre sa place. Tous mes héros, s'ils rentraient au village,
n'étaient plus que des brigands.

Quelle éducation je reçus en peu de semaines de ce
changement inconcevable pour moi! Les visages mêmes
étaient autres, et ce qui ajoutait à ma consternation, c'était
le silence. On n'osait plus se servir des mots qui avaient
caché pour nous l'espérance dans l'année précédente, le *père
la Violette,* le *petit Caporal.* Tout me semblait métamorphosé,
tout l'était en effet, les choses, les hommes, la langue même.
Or, je trouvais simple que les choses fussent différentes,
mais je ne pouvais concevoir que les pensées, les paroles et
même les visages changeassent en même temps.

L'impression de cette versatilité fut si grande, qu'elle
s'est attachée à moi dans tout le reste de ma vie. Il en est
résulté que dans les courts moments que j'eusse voulu voir
durer, je sentais la fragilité des choses, je sentais surtout
celle des hommes. Le passé m'ôtait la force de jouir du
présent. Chose singulière, mais parfaitement vraie, je n'ai
été délivré de cette cruelle attente, dans laquelle j'ai passé
ma vie, je n'ai connu, goûté la vraie sérénité d'esprit, le
vrai contentement, que depuis le jour où, n'ayant plus rien à
sauver, je me suis trouvé au fond de l'abîme.

Au milieu de ces derniers jours de l'automne de 1815, pré-
curseurs de tant d'autres qui devaient leur ressembler, un
souvenir, un seul, me revient encore avec plaisir.

C'était dans les plus beaux jours de la Terreur blanche.
L'ordre vint d'illuminer pour célébrer la chute de Napoléon
et le retour de la légitimité. Personne ne manqua à l'injonc-
tion formelle. Toute la bourgade fut éclairée comme en plein
jour. Je sortais à cette heure-là de mon bateau, à la nuit
tombante. J'entre dans la rue, l'aviron à la main. Je lève les
yeux, je vois toutes les maisons étinceler sans excepter la

nôtre. Sa façade soutenait dignement la comparaison avec celle de nos voisins. Me précipiter sur les escaliers, ouvrir les fenêtres, éteindre les lumières, fut l'affaire d'un instant; et je ne me contente pas de souffler sur les lampions, je les disperse, je les foule aux pieds. La nuit profonde se fait aussitôt sur notre toit et tranche avec la clarté resplendissante du reste de la rue.

Le scandale fut grand, surtout l'étonnement. Car beaucoup de ceux qui s'indignaient tout haut m'approuvaient au fond du cœur. A ce moment, le procureur du roi, faisant sa ronde, s'extasiait sur l'enthousiasme des habitants. Soudain il avise cette longue masse noire qui reste obstinément plongée dans les ténèbres. Un mot d'un passant l'instruit de l'histoire. Il court dans une réunion, chez le sous-préfet, où il savait que mon père devait être. Il le trouve jouant tranquillement au reversis : « Savez-vous ce que votre fils vient de faire?... »

Qu'on imagine, si on le peut, ce qui suivit ce début. Les plus indignés tremblèrent sur le châtiment qui m'était réservé.

J'attendis patiemment mon sort, et même je m'endormis. Pour mon père, il ne me dit mot de cette aventure, ni ce soir-là, ni le lendemain, ni le surlendemain, ni jamais. J'appris un peu plus tard, par ma mère, qu'il en avait été ravi au fond du cœur et ne cessait d'en faire avec elle des gorges chaudes. Hélas! malgré tout, cette aventure fut la dernière. Avec elle finit pour moi la vie bienheureuse de l'enfant.

Dans l'éducation que j'avais reçue jusque-là, mes parents avaient été dirigés par une idée très raisonnable. Ils avaient sagement pensé que cette éducation était la meilleure préparation à la vie que devait nous faire l'Empire. S'il eût duré, nous étions, sauf l'esprit d'indépendance qu'ils n'avaient pu s'empêcher de faire naître en moi, tout armés pour ce qui nous attendait.

N'étions-nous pas destinés, en effet, à mourir prématuré-

ment au coin de quelques bois, d'une mort sanglante et
ignorée? Ne fallait-il pas avant tout nous aguerrir, nous trem-
per de fer? Et d'ailleurs pourquoi tourmenter par de vaines
études des enfants qui auraient à peine quelques années
de jeunesse, et qui n'arriveraient certainement pas à la
virilité?

Ne fallait-il pas au moins leur laisser respirer l'air libre à
pleins poumons, puisque cela devait durer si peu? Ma mère
s'expliquait clairement avec moi là-dessus, comme sur toute
chose, avec un singulier mélange de force, de résignation, de
liberté d'esprit et d'amertume. Aujourd'hui, comme alors,
ces motifs me paraissent sans réplique.

Mais quand pour tous les esprits clairvoyants Napoléon
eut fini son rôle, mes parents songèrent qu'un si grand
changement dans la vie publique devait en amener un tout
semblable dans l'éducation et dans la vie privée. Ils pen-
sèrent qu'il était temps de mettre fin à la vie d'enfant de
troupe et au commerce incessant avec les soldats et les prisonniers de guerre. Dès lors, le nom de collège fut sérieusement prononcé. Il fut décidé que pour commencer on m'enver-
rait à celui de ma ville natale.

Cette résolution fut pour moi un coup de tonnerre, tant j'y
étais peu préparé. Elle fut exécutée à la lettre dans cette
même fatale année 1815; et certes, si je plaignais mon héros
de la captivité qu'il allait endurer désormais au milieu de
l'Océan, je ne trouvais pas la mienne moins intolérable. Je
me voyais prisonnier comme lui, en même temps que lui;
mais je ne pouvais comme lui maîtriser mon désespoir. Je fis
mes adieux, non seulement à mes compagnons, mais à toutes
les choses que j'aimais. Je distribuai aux plus dignes ma pie,
mes lapins, mon corbeau éclopé; quant à mon épervier, qui
avait survécu à tous les bouleversements d'empires, et que
j'avais toujours laissé en liberté, il s'était envolé peu de jours
auparavant avec un cri sauvage, après avoir plané sur ma tête,

8

m'avertissant par là que nos beaux jours étaient finis pour jamais.

Dans quel monde allais-je entrer? Quel qu'il fût, il m'était odieux d'avance. Un jeune oiseau de proie enlevé nouvellement aux forêts et porté à la ville dans une cage d'osier ne tombe pas dans un désespoir plus morne. Mais au moins cet enfant des forêts, dès qu'il se voit captif, a la fierté de se laisser mourir de faim.

TROISIÈME PARTIE

I

QUAND la porte du collège se referma sur moi, je fus frappé de stupeur, et le temps ne fit qu'augmenter ce saisissement du prisonnier. Devant moi s'ouvrent des années stériles, vides d'événements, vides surtout de bonheur, où pour l'incertaine perspective de quelques notions ébauchées, je perdis ce que j'acquérais chaque jour dans le commerce vivant des choses. Mes parents demeurant à deux journées de là, je cessai entièrement de les voir. Je ne sortais jamais en ville, ou si cela arrivait, c'était pour un moment, et ce moment ne servait qu'à ranimer l'effroi de la captivité.

L'éducation cessa brusquement. Une instruction maussade, forcée, dut en tenir lieu. En pensant à ces insipides années, l'ennui, la nostalgie s'appesantissent de nouveau sur moi. Le même voile terne qui couvrit toutes mes facultés et en arrêta court le développement s'étend à mes yeux. Aucun homme, aucun objet ne m'apparaît à travers cette uniformité douloureuse. Je ne sais par où commencer, par où finir. Tout se perd dans le même sentiment de vide et de détresse. Il faut

que je soulève ce voile de plomb pour retrouver quelques
vestiges de moi-même.

Et que l'on ne pense pas que ces infortunes de l'adolescence
ne laissent aucune trace dans la vie. Elles durent encore pour
moi. Le souvenir de ces années, non pas seulement perdues,
mais étouffées, me poursuit; elles m'oppressent en songe
comme une calamité prématurée. J'ai peine en y pensant à
me défendre d'un sentiment de révolte. Que de fois je les ai
reprochées avec amertume à mes parents comme s'ils eussent
pu agir autrement qu'ils n'ont fait!

Ma première peine, celle dont j'avais conscience, était de
me sentir prisonnier. Celle-là pesait sur chaque heure, chaque
chose et il en fut ainsi tant que dura ma reclusion. Au lieu
de l'épanouissement continuel dans lequel j'avais vécu, c'était
une gêne inexprimable en face de mes maîtres, de mes camarades et de moi-même. Car je ne me reconnaissais plus. Sitôt
que l'heure des études était passée, j'allais au haut d'un
vieux rempart qui servait de clôture, et d'où l'on apercevait
la campagne. Là je regardais tristement au loin du côté de
mes forêts. Je comptais les pierres d'un mur dégradé, par
lequel on eût pu tenter une évasion. Mon seul plaisir était
d'imaginer quelque belle fuite. La crainte de l'affliction que
je causerais m'empêcha de mettre aucun de ces projets à
exécution.

Lorsque nous sortions de notre prison, on nous conduisait
assez loin hors de la ville. Mais le sentiment de ma captivité
me suivait jusque dans le fond des bois, et j'étais incapable
de prendre aucun plaisir aux choses mêmes que j'aimais
par-dessus tout. Je traînais dans nos plaines de Bresse la
langueur qui m'accablait. Il arrivait souvent que nous allions
sur la route de Certines, dont nous n'étions plus éloignés
que d'une heure. J'eusse été désolé qu'on eût poursuivi
jusqu'à cet endroit chéri. Je ne voulais pas que ces lieux me
vissent dans ma servitude; ils m'auraient trouvé si changé!

Quand nous rencontrions des paysans qui allaient au village, je me détournais d'eux pour ne pas les voir. Je n'aurais su ni comment les aborder, ni comment les quitter. Ces jours, ces heures n'existaient pas pour moi. Je voulais n'avoir aucun témoin qui pût me les rappeler. Le regret de la liberté n'eût peut-être pas suffi à me plonger dans un état qui me remplissait à la fois de douleur et de honte. La captivité explique la douleur; mais la honte, d'où venait-elle? Je pense qu'elle avait pour cause l'interruption subite de tout progrès du côté de l'âme et de l'esprit. J'avais été arraché à mes sources de vie, à celles où j'avais puisé un instinct prématuré des grandes choses. Je n'avais plus autour de moi les instructions morales de ma famille, surtout de ma mère, ni le contre-coup des émotions du peuple. La maison paternelle, le foyer, la vie publique, tout m'avait manqué à la fois. Et en revanche, quelle compensation avais-je trouvée? Des études machinales qui m'hébétaient, auxquelles mon sourd désespoir m'empêchait de prendre le moindre intérêt. Jamais une parole de confiance, d'intimité (moi qui n'avais été conduit que par ces mobiles); jamais une de ces voix de l'âme qui m'avaient initié à tant de choses et à un langage que je ne devais plus entendre. Pas même de livres, car j'en manquais absolument et j'étais brusquement tombé des pièces de Shakespeare à *Estelle et Némorin* de Florian. Dépaysé, désorienté, précipité des nues, exclu des beaux cieux de la légende, abîmé, perdu dans toutes les sécheresses et aridités d'une classe, je m'étais odieux à moi-même.

J'essayais bien par moments de retrouver ces beaux élans que j'avais connus. Mais pour cela j'aurais eu besoin de l'aile maternelle. J'étais incapable par moi-même de me relever jusque-là, encore moins de m'y soutenir. Après quelques tentatives, dont je sentais l'impuissance, je me résignai à suivre le chemin banal, mais je le suivais mal, parce que je me sentais déchu. Je prenais une défiance exagérée de

moi-même. Le souvenir de ma vie libre me revenait encore
mal à propos; et je n'étais qu'un mauvais esclave, tout en
me faisant un devoir rigoureux d'être un esclave accompli.

Que les hommes faits sourient à leur aise de ce supplice
d'un adolescent. Ces tourments n'en ont pas moins été réels,
et que ne puis-je en les racontant les épargner à d'autres! O
prémices de la vie! belles fleurs de l'adolescence! premiers
fruits du printemps! que vous avez été amers pour moi! et
que je me réjouis dans mon cœur de ne plus avoir à vous
cueillir!

Loin que mes compagnons de captivité fussent une consolation pour moi, j'eus presque autant de peine à m'accoutumer à eux qu'aux choses mêmes. Nous étions partis de
chemins si différents pour arriver aux mêmes points! Nous
avions si peu d'idées communes entre nous! Ils étaient si
bien faits à cette discipline qui m'était si nouvelle! Aucune
de mes histoires ne les intéressait. Combien cette première
rencontre avec la société réglée me fut difficile (et sans doute
par ma faute)! mon âge augmentait encore ces différences.

Grâce à la méthode de mon premier maître qui m'avait
fait commencer le latin dès qu'il m'apprit à lire, j'étais arrivé
sans m'en apercevoir à la fin de mes études. J'achevais ma
rhétorique à treize ans, et mes compagnons avaient dix-huit
à dix-neuf ans, différence immense à cet âge. C'étaient
presque des hommes. De quelle ressource pouvais-je être
pour eux avec mes légendes de l'île Cabréra? Je leur
paraissais un vrai Vandale, et d'autre part, la préoccupation
constante de leurs parures, des modes nouvelles, des
chaînettes d'argent et d'acier, m'étonnait presque autant,
moi qui ne songeais qu'à m'évader et à me perdre à tout
jamais dans le grand bois de Certines!

Le premier contact avec la société de mes semblables ne
m'inspira ainsi qu'un sentiment profond d'isolement. En
voyant combien ce qui m'intéressait par-dessus toute chose

était indifférent aux autres, je pris le parti de n'en jamais
parler. J'appris à cette école combien le monde intérieur,
dans lequel nous vivons et que nous croyons le centre de
vie, excite peu la curiosité des autres, à moins qu'ils n'y
retrouvent leurs propres souvenirs et une image d'eux-
mêmes. Je me taisais, ou, s'il fallait parler, les mots sortaient à peine de mes lèvres. Tout ce qui s'était éveillé pré-
maturément en moi, au souffle de la vie libre, fut refoulé,
enseveli au plus profond de mon être. Je me sentis appauvri
par mon isolement. Dans l'état de trouble, de stérilité, de
timidité, de marasme, où je tombais de plus en plus, il eût
fallu pour me sauver une personne qui me comprît sans que
j'eusse besoin de parler ; surtout il eût fallu qu'elle me tînt
une compagnie perpétuelle, sans que j'eusse l'embarras de
solliciter jamais sa présence. Mais où rencontrer un être
pareil ? Il existait cependant pour mon salut ; je devais le
rencontrer, et nous devînmes sur-le-champ inséparables.

II

Parmi les sentiments bizarres que faisait naître une vie
de contrainte, le plus étrange était la froideur que l'on devait
afficher devant ses camarades pour sa propre famille. C'eût
été le comble du ridicule que d'embrasser devant témoins
ses parents avec effusion. Il fallait leur marquer sinon un
détachement complet, au moins une souveraine indifférence ;
tant la sécheresse de l'âme était une condition de ces temps !
Nous craignions la visite des nôtres bien plus que nous ne
la désirions ; nous savions que nos gestes, nos embrassements
étaient épiés avec malice. Et malheur à celui qui eût pleuré
de joie à la vue de son père, de sa mère, de ses sœurs, de
ses frères après une longue absence : il se fût difficilement

relevé de ce moment de faiblesse. La crainte du ridicule
tarissait d'avance toutes nos joies. Aussi recevions-nous peu
de visites, même de nos plus proches parents. Mais quand
l'un d'eux franchissait cette enceinte de moquerie, dont nous
nous entourions, c'était là un événement qui ne pouvait
manquer d'être fertile en conséquences.

La mère d'un de nos camarades vint le voir; elle était
accompagnée de sa fille. Comme il n'y avait pas de parloir, je
vis de loin, non pas leurs caresses (ils n'auraient osé s'embrasser), mais leurs sourires. Je vis surtout la jeune fille et
je ne l'oubliai plus. Elle avait les cheveux d'un blond doré,
les yeux bleu de ciel, l'air de visage angélique. Elle portait
une petite coiffe rustique, que j'eusse mieux aimé ne pas lui
voir; mais je me souvins d'une estampe de la *Jardinière* de
Raphaël, que Mlle Genevier rappelait trait pour trait, et je
trouvai bientôt mille raisons pour me raccommoder avec
cette coiffure champêtre à laquelle, il est vrai, elle donnait
une élégance charmante. J'entendis, ou je crus entendre le
son de sa voix, une voix argentine, cristalline, la voix du
printemps lui-même, qui m'atteignit au cœur. Elle était avec
les siens au fond d'un corridor. J'eus à peine le temps
d'arrêter sur elle mes yeux en passant, je ne la revis plus
jamais que de loin dans le jardin dont j'étais séparé par une
cloison en palissade; mais ce moment suffit pour graver en
moi une image qui ne devait plus s'effacer.

Et comment ne la bénirais-je pas, puisque dès ce moment
je cessai d'être seul. Partout je me sentais dans la compagnie
et sous la protection de cet être charmant. Elle avait sur moi
l'action bienfaisante du premier rayon de l'aube.

Je savais le nom du lieu qu'elle habitait. Il n'était pas loin
de Certines. Mais je n'osai jamais demander son nom de baptême et je ne l'ai jamais bien su. Et qu'importe? En avais-je
besoin? Lui faisais-je avec moins d'expansion mes confidences
les plus intimes? M'adressais-je à elle du fond de mes tris-

tesses avec moins de piété? A quoi bon l'appeler? Ne venait-
elle pas sans que j'eusse besoin de prononcer son nom? Tout
cela, bien entendu, sans paroles, sans témoignage humain,
mais seulement dans le repli le plus caché du cœur.

J'aurais pu la voir de plus près, lui parler peut-être ; l'occasion se présenta même de faire visite à ses frères à la campagne. Je m'en gardai bien, ainsi que de tout ce qui aurait
pu amener le moindre changement dans une relation où tout
était enchantement, délices. Je sentais combien mon édifice
était fragile. Je retenais pour ainsi dire mon souffle, de peur
de dissiper cette première fleur de bonheur.

Il me suffisait de savoir qu'une personne aussi angélique
existait avec moi dans le monde. La terre en était tout
embaumée. Je ne souffrais point de son absence, car elle ne
me quittait pas. Elle m'était et me restait toute présente. Je
ne formais aucun projet. Je n'avais aucune crainte du lendemain. Je ne pensais pas même qu'elle pût se marier, être
promise peut-être! Sa douce, radieuse compagnie ne pouvait
pas m'être enlevée.

Tout cela, direz-vous, était chimérique. Nullement. Je n'ai
jamais su m'alimenter de chimères en l'air, me complaire de
mes seules inventions comme de réalités. Il me fallait au
moins un point vivant, une apparition réelle, un son de voix.
Où tout cela manquait, je sentais le vide et ne faisais rien
pour le combler. Je pouvais sur un regard bâtir un édifice de
félicité, mais il me fallait au moins ce regard, cette promesse,
cette assurance de la vie. S'éprendre de ses pures fantaisies
comme d'un amour réel, je n'ai jamais compris qu'un cœur
vivant pût se contenter à ce prix!

Au reste, aimer me suffisait. Je n'avais point encore l'ambition d'être aimé. Le premier de ces sentiments remplissait
mon cœur. Comment aurais-je été capable de supporter le
second sans en être accablé? Voir de loin blanchir dans les
bois la maisonnette de Mlle Genevier, eût été le comble

de mes vœux. Cette joie suprême ne me fut pas donnée; j'y
perdis peu de chose, tant j'employais bien les heures à imaginer cette demeure inconnue. Et je n'en faisais pas une
chaumière, mais une maison de tous points assortie à celle de
Certines; même j'y ajoutai quelque vignoble, un bouquet de
sapins, un pont élancé sur le ruisseau, un chemin sablé pour
aller jusqu'au bois. Car c'étaient là justement les améliora-
tions que nous avions projetées.

Je trouvai encore ce grand avantage d'élever, de placer
cette demeure de la félicité dans tous les lieux qui me plaisaient. A partir de ce moment, je fis une différence réfléchie
entre les paysages. Ils me parurent d'autant plus beaux, qu'ils
étaient plus retirés, plus ombragés de chênes et que je pouvais mieux y cacher le trésor de mon cœur.

Avant ce temps, la nature ne me donnait que l'impression
de la liberté des champs : aller, venir, courir, se perdre, se
retrouver dans la forêt, c'était la vraie beauté. Depuis ce
jour, je pris plaisir au chant du rossignol, aux premières
feuilles du printemps qui approchait. Je sentis une âme non
plus seulement en moi, mais dans les choses; je ne voyais
plus sans ravissement un buisson d'aubépine en fleur. Du
milieu de ces touffes argentées se levait et m'apparaissait
Mlle Genevier, comme elle m'avait apparu une fois en réalité
dans le jardin.

Pour la première fois aussi je fis attention à l'église de
Brou, à ses marguerites de pierre, à ses lacs entremêlés, à
ses devises, à ses murailles tout imprégnées d'amour. Je
regardais avec curiosité autour des tombeaux dans le chœur
les figures charmantes des pleureuses sous leurs capuchons
de marbre; là aussi je trouvais des ressemblances qui me
remplissaient de surprise et de joie.

Comment finirent de si belles amours? Elles ne pouvaient
augmenter; elles ne devaient pas finir; elles m'accompa-
gnèrent dans les deux premières années d'un apprentissage

douloureux de la vie; elles semèrent sous mes pas des fleurs mêlées de larmes. Aujourd'hui quand je me représente notre doux, ineffable printemps de Certines, avec son parfum de mauves et de seigles en fleur, je vois encore errante au fond de quelque taillis, comme le bon génie du lieu, cette figure bocagère qui sourit et qui passe.

III

Ce même printemps de 1816 devait donner l'essor chez moi à des sentiments bien différents. A l'approche de Pâques mon confesseur me recommanda de communier le dimanche suivant. Je lui répondis que je n'avais point encore fait ma première communion, ce qui l'étonna beaucoup, puisque je touchais à la fin de mes études. Ma mère, contrairement à l'usage reçu en France, avait éloigné ce moment. Elle voulait que j'apportasse à un acte si grave une pleine connaissance; si elle eût pu retarder encore cette heure solennelle, assurément elle l'eût fait. On jugea au contraire qu'étant dans ma treizième année, il n'y avait plus un moment à perdre. Je fus envoyé au catéchisme.

Je gagnai à cela que mon instruction religieuse allât très vite. On m'épargna tous les déboires d'une trop lente préparation. A peine eus-je paru au catéchisme, on se déclara satisfait. C'est le seul succès véritable que j'aie eu dans ces années de collège, et je le dus à mon directeur. C'était un missionnaire provençal, le premier homme éloquent que j'aie entendu. Il vit du premier coup combien mon cœur était isolé, avide d'amour infini. Il m'en nourrit, il m'en combla. Il m'épargna toutes les épines de la théologie, il éloigna toutes les aspérités, tous les sophismes. Pour la première fois, on était content de moi. J'avais des ailes.

Il eût pu m'embarrasser, me terrifier dès le premier pas en mettant aux prises son Église et celle de ma mère ; il n'en fit rien. Point de discussions, ni de chicanes. Il resta sur les hauteurs, me parla le langage auquel j'avais été accoutumé. De ce cœur resserré, concentré, il n'eut pas de peine à tirer les eaux vives, jaillissantes qui s'y étaient amassées depuis que je ne conversais plus qu'avec moi-même.

Touché de cette âme si novice, et déjà ouverte en secret à tant de choses, éclairé, pénétrant, il ne fit avec moi qu'une seule faute qui eût pu être grave, mais qui ne doit point lui être imputée. Il m'adressa dans la confession des questions que je ne compris pas. Je lui dis que je n'avais pas compris. Il répéta ses mêmes questions, et moi ma même réponse. Sur quoi il témoigna une surprise qui eût bien dû me surprendre moi-même. Heureusement je n'y attachai pas ma pensée. Il fit une chose non moins dangereuse. Non content de marquer son étonnement, il institua de sa pleine autorité un prix qui n'était point en usage et qu'il créa pour moi. Je ne pouvais guère attribuer cet honneur à mes réponses au catéchisme, vu qu'elles avaient été satisfaisantes, rien de plus. Ayant d'ailleurs affaire à des commençants de cinquième ou de sixième, il n'y avait rien de très méritoire à ce que j'eusse eu quelque avantage sur eux. Ces réflexions pouvaient me mener loin ; aucune d'elles ne me vint en ce temps-là.

D'ailleurs, pensais-je à ce qui se passait sur la terre ? Je nageais en pleine félicité. Ma seule peine était l'absence de ma mère. Car il m'en coûtait d'entrer loin d'elle dans le ciel vivant qui s'ouvrait devant moi. Elle m'envoyait des instructions, des prières qu'elle composait jour par jour. Et c'était avec sa pensée luthérienne, calviniste, libre, philosophique, que je m'avançais dans cet itinéraire au-devant d'une Église qui la condamnait. Que n'ai-je gardé ces instructions, ces prières pour en enrichir ce récit ! elles pourraient aujourd'hui

servir à d'autres qu'à moi. Autant qu'il m'en souvient, elle
me demandait grâce pour les infirmités de l'Église catholique; elle m'adjurait de voir les vérités éternelles à travers
le voile terrestre et la rouille des temps qui les avait cou-
vertes. Elle me suppliait de juger avec une certaine grandeur les petitesses du culte et de n'en pas faire retomber la
coulpe sur la religion elle-même.

Ainsi je marchais au-devant des mystères, appuyé d'un
côté sur une mère protestante, de l'autre sur un missionnaire catholique. C'est peut-être la première fois et la seule
que la réconciliation entre les deux Églises s'opéra pleinement, non pas en théorie, mais dans la pratique fervente
d'un enfant; et le principal honneur en revient assurément à
celle dont la pensée, planant au-dessus de tous les rites,
m'emportait vers Dieu même. Mon directeur aussi y eut sa
part, puisqu'il n'ignorait pas quels enseignements je recevais
de ce côté, et qu'il n'y fît pas obstacle. D'un mot, il eût pu
porter le trouble, l'horreur dans mon âme. Il ne lui fallait
que cette parole pour me précipiter du haut de l'échelle de
Jacob, où je montais avec tant de confiance dans la nue. S'il
m'eût dit au moment de ma plus grande ferveur : « Le
moment est venu de se décider, votre mère est damnée!
Choisissez entre l'Église maternelle et mon Église! » Je
n'eusse jamais fait ce choix, ou plutôt il était fait d'avance,
et non pas au profit de celui qui l'eût provoqué. Mais par
quels déchirements il m'eût fallu passer! Quel bouleverse-
ment! quel renversement de tout mon être! peut-être
n'aurais-je pu sortir de ce chaos affreux qu'en renonçant à
toute croyance : et indubitablement, la première que j'aurais
rejetée aurait été celle de l'enfer.

IV

Enfin il arriva, le jour redoutable.

La communion devait se faire dans l'église où j'avais été baptisé, Notre-Dame de Saint-Nicolas de Bourg. Loin d'éprouver la moindre anxiété, je ne sentais que paix, sécurité profonde. Je mêlais, sans y établir aucune différence, mes prières protestantes et mes prières catholiques. Seulement je récitais les premières que je savais par cœur, et je lisais les secondes. Je m'appliquais à tenir dans mon cœur la juste balance entre les deux Églises! mais je crois que j'étais surtout rempli de celle que je ne voyais pas, d'abord parce qu'elle était absente et que je craignais de l'oublier, ensuite parce que je savais qu'elle avait été persécutée, qu'elle était encore méprisée dans nos pays, et que son sang avait été versé le dernier.

Une épreuve restait encore. Mon directeur monta en chaire; toute mon âme fit silence pour l'écouter. Il dépendait de lui de me plonger de la béatitude dans le désespoir.

Il fut tel que je l'avais vu dans le confessionnal et cent fois plus émouvant. Je pouvais croire qu'il parlait pour moi seul, tant ma situation particulière fut ménagée et protégée! Pas une seule parole contre les hérétiques! C'est la première fois que je fus touché par un discours public. Pour celui-là, il me prit jusque dans l'intime moelle de mes os. Lorsqu'il fallut nous lever et faire le tour de l'église, je me soutenais à peine; les larmes célestes m'aveuglaient.

D'où vient qu'un état aussi angélique ne s'est pas soutenu? Le dimanche suivant, je communiai encore, mais avec moins d'extase peut-être. Puis les semaines, les mois se suivirent. Bientôt il ne me resta que le souvenir de ma béatitude passée. D'où vient cette tiédeur après cette ferveur qui dut faire illu-

sion à mon directeur lui-même? Il partit. Je ne le revis plus.
Ceux qui le remplacèrent ne tentèrent pas même de ranimer
le brasier éteint.

Fut-ce ma faute à moi seul? fut-ce la faute de l'Église qui
ne sut pas garder une âme qui s'était si pleinement livrée?
Est-ce que les deux Églises que j'avais embrassées à la fois
se nuisaient l'une à l'autre? Est-ce que cette conciliation que
j'avais crue achevée dans mon âme de treize ans n'était qu'ap-
parente? Est-ce que la force me manqua pour soutenir à moi
seul une entreprise où tant de génies se sont consumés en
vain? Ce qu'il y a de certain, c'est qu'après avoir connu les
délices de la vie bienheureuse, je retombai peu à peu en
quelques mois sur la terre, comme si j'avais fait un rêve
sacré; il m'en restait une vague impression qu'aucune cérémonie ne ranimait plus.

L'odeur de l'encens avait imprégné le vase, mais l'encens
avait cessé de brûler. Je ne discutais pas, je ne cherchais pas
à ébranler en moi mon édifice religieux. Tant s'en faut. Il
s'affaissait de lui-même presque à mon insu; et cette destruction lente, invisible, irréparable, ne fut jamais pour moi une
cause de douleur. Je n'ai jamais compris que l'on pût souffrir
de n'avoir plus ce qu'on appelle une illusion. La vérité m'a
toujours paru le seul bien désirable. Dès qu'une chose ne me
semblait plus vraie, il m'était impossible d'en regretter la
possession, quoi qu'il pût arriver.

Plus tard, j'ai lu, ce que je n'avais point fait encore, les
Écritures, les Pères, l'*Imitation de Jésus-Christ*. Mon imagination en fut subjuguée. Si je continue un jour ce récit, on
verra combien je m'attachai à ces témoins, avec quelle sincérité je me plaçai sous leur garde; mais je ne confondis
jamais ces émotions toutes littéraires d'imagination avec
l'émotion des mystères et de la foi. J'avais eu mon jour
d'alliance réelle avec l'Église. J'avais senti un moment mon
cœur dans le tabernacle. Cela m'a servi tout le reste de ma

vie à faire la différence entre la Rhétorique et la Religion, entre l'Art et la Foi. Je ne me suis pas cru converti lorsque je n'étais qu'ému. Jamais la fantaisie ne m'a abusé sur la réalité. J'ai lu, moi aussi, le *Génie du Christianisme*. J'ai vu plus tard les merveilles des cathédrales gothiques de France, d'Allemagne, d'Espagne, l'Athènes de saint Paul, les prodiges de Raphaël et de Michel-Ange, surtout de Giotto, Rome, Saint-Pierre, la chapelle Sixtine, le pape bénissant la ville et le monde; j'ai été comme un autre ravi, ébloui. Mais je savais que cet éblouissement était un effet poétique. Il n'y avait rien dans tout cela qui ressemblât de loin à ce qui s'était passé dans l'église de Notre-Dame de Bourg. Ce moment est unique. Il n'est pas revenu; il ne reviendra pas. Il devait à la fois éclipser tous les autres et les éclairer de leur véritable lumière.

QUATRIÈME PARTIE

I

QUAND les historiens parlent de la chute des empires, ils
en cherchent seulement le contre-coup dans la vie
publique. Je veux montrer que cet écroulement de 1815 eut
partout des retentissements dans la vie privée. L'enfant,
l'adolescent ne purent y échapper non plus que l'homme fait.

Dans ce changement de tempérament de toute une nation,
c'est une douleur poignante pour chaque individu que la
nécessité de donner brusquement une autre direction à son
esprit, de refouler, de détruire toute son éducation passée et
de se créer, pour ainsi dire, en quelques mois une autre
nature. C'est, à peu près, comme si les hommes changeaient
en un moment non pas seulement de climat, mais d'atmosphère; ils auraient peiné à respirer. Voilà ce que nous
éprouvions dans le cataclysme subit de 1815. Même les biens
incontestables qui se trouvèrent mêlés à ce déluge de maux
nous indignèrent; ils étaient trop nouveaux pour que nous
pussions en sentir autre chose que l'amertume.

Ainsi l'étude, qui devait être pour moi plus tard ma vie

9

même, commença par m'être odieuse; et il en fut ainsi tant
que j'obéis à des maîtres. Pendant les deux années que je
passai au collège de Bourg, je n'ouvris pas un seul livre
classique sans répugnance. Ne recevant plus d'autres livres,
je perdis peu à peu le désir d'en recevoir, et il me semble
que ce fut un bonheur pour moi d'avoir si mal retenu ce
qu'on nous enseignait. Car une seule chose s'était maintenue
dans les collèges délabrés de l'Empire, la rhétorique. Elle
avait survécu à tous les régimes, à tous les changements
d'opinion et de gouvernement, comme une plante vivace qui
naît naturellement du vieux sol gaulois; nul orage ne put
l'en extirper.

Nous ne savions ni grec, ni latin, ni français; mais nous
composions des discours, des déclamations, des amplifica-
tions, des narrations, comme au temps de Sénèque. Dans ces
discours, il fallait toujours une prosopopée à la Fabricius;
dans les narrations, toujours un combat de générosité, toujours un père qui dispute à son fils le droit de mourir à sa
place dans un naufrage, un incendie, ou sur un échafaud.
Nous avions le choix entre ces trois manières de terminer la
vie de nos héros, ainsi que la liberté de mettre dans leur
bouche les paroles suprêmes. Je choisissais en général le
naufrage, parce que la harangue devait être plus courte. Étant
interrompue par la tempête, deux lignes suffisaient dans ce
cas. Mais tout cela avec un médiocre succès; et en somme je
sortis du collège à peu près comme j'y étais entré, n'ayant
rien appris, mais n'ayant aussi rien à oublier.

II

Je n'eus pas besoin d'aller fort loin pour voir l'abus
sanglant de ce don d'amplification. Les cours prévôtales
épouvantaient alors nos provinces. Un des premiers usages

que je fis de ma liberté fut de suivre la foule aux audiences
de ce terrible tribunal. On jugeait Brillat-Savarin; c'était
l'homme le plus populaire de notre pays. Je le vis calme et
presque souriant sur la sellette; il était là sous l'inculpation
d'une conspiration bonapartiste. J'entendis le réquisitoire du
ministère public qui l'accusait formellement d'avoir tramé
l'assassinat *de tous les nobles et de tous les riches propriétaires
du département.* Une si extravagante inculpation eût dû ouvrir
tous les yeux. Elle fut admise sans contradiction. Dans la
même journée j'entendis l'accusation et la sentence de mort
qui fut exécutée le surlendemain. Que ce moment terrible
m'est resté présent! Comme il réveilla mon bonapartisme
un peu assoupi! et que cette première tache de sang de la
Restauration a été ineffaçable dans mon souvenir! Jusque-là,
je n'avais aucun parti pris contre elle; je sentis ce jour-là un
commencement de haine.

Je me hâtai de retourner dans les forêts de Certines. Un
paysan des Ripes sort tout effaré de sa cabane; il regarde
longtemps autour de lui, et me demande à voix basse des
nouvelles. « Condamné à mort! » lui dis-je. Le paysan
pousse un soupir et va se cacher au fond de sa chaumière. Ce
soupir dans ce lieu désert entre les étangs et la forêt fut
la seule protestation que j'entendis pendant la Terreur blanche.
On eût pu croire que le peuple n'en ressentait aucune impression. L'événement a montré cependant qu'elle était profonde
et d'autant plus redoutable qu'elle n'éclatait par aucun signe.
Je venais d'expliquer Tacite pendant toute l'année; ce paysan
tremblant dans une pareille solitude me le fit comprendre
pour la première fois.

Au milieu de ces circonstances nouvelles, que devenait en
moi la légende de Napoléon? Si je veux analyser à cet égard
mes sentiments, voici ce que je trouve. Cette légende subit
comme tout le reste une grande éclipse dans les premières
années qui suivirent 1815. La poussière soulevée de terre

couvrit pour un moment cette mémoire. Les images, les portraits de Napoléon étant proscrits comme sa personne, ainsi que tous les symboles qui pouvaient le rappeler, aigles, drapeaux, uniformes, nous ne savions où le chercher. Quoique nous fussions ses contemporains, sa figure nous était bien moins connue qu'elle ne l'est aujourd'hui. Tant de calamités privées nous entouraient, qu'il disparut un moment à nos yeux dans l'immensité du désastre. Il était défendu de parler de lui; à force de se taire, on se surprenait à oublier. Tant qu'il vivait, l'imagination, déconcertée par sa chute, manquait de point d'appui pour prendre un nouveau vol. L'Océan, fidèle gardien, amortissait tous les bruits. Puis, l'exil a cette vertu singulière, éminente : dès qu'il se prolonge, il semble éternel; il fait promptement oublier l'exilé, ayant tous les avantages de la mort comme châtiment, sans le retentissement incommode qu'excite le supplice.

Notre monde d'Europe prenait ainsi peu à peu l'habitude de vivre sans parler de Napoléon, sans même penser à lui. Les proscriptions, les menaces, la peur, l'éloignement, puis les spectacles nouveaux et l'inconstance humaine se réunissaient pour produire ce silence. Il dura sept ans. Il fallut la rumeur et bientôt le retentissement soudain, imprévu, longtemps révoqué en doute, de la mort pour rendre à Napoléon l'empire posthume des imaginations et des esprits. Pendant sept années, l'exil l'avait fait descendre chaque jour dans le silence, dans l'ombre, presque dans l'oubli. La mort le remontra soudainement à toute la terre, et lui rendit en un moment, pour toujours, son royaume de bruit.

J'avais fait comme tout le monde; j'avais enfoui bien avant dans mon souvenir le nom, l'image du héros. Il était là, mais en secret, et sans que j'en eusse pour ainsi dire conscience. Lorsque son nom était prononcé, c'était presque toujours par ses ennemis. Ses écrits ne pouvaient le défendre; ils n'étaient pas encore réunis en corps d'histoire, et les adversaires

profitaient avec un art insigne de ce moment où il n'était
permis à personne de porter témoignage de la renommée.

Je démêlais assez bien ce que la passion et la haine
dictaient aux écrivains de l'ancien régime; jusque-là, je ne
me laissai pas ébranler. Le pamphlet de M. de Chateaubriand
ne fit aucune impression sur moi. Il n'en fut pas ainsi des
paroles de Mme de Staël; elles se gravèrent profondément
dans ma conscience, car j'y trouvais l'accent de la dignité
humaine offensée, ce même accent auquel j'avais été accoutumé dès mes premières années. D'ailleurs, tous ceux qui
avaient contre l'empire un grief quelconque le faisaient valoir
avec empressement, et ce côté nouveau, jusque-là dissimulé,
de la figure de Napoléon, éclatait de tous côtés par de justes
représailles. La révélation de la servitude eût dû m'étonner
moins qu'un autre; pourtant elle fut pour moi comme une
chose nouvelle.

D'abord, je ne voulus rien céder de mon héros. Ce qu'il
avait fait, il avait dû le faire; je niais, je m'obstinais; tout
ce que l'on racontait n'était qu'inventions de *chouans*.
Cependant, même en me débattant, je recevais l'impression
des choses. Pour la première fois, je sentis un violent
combat intérieur, lorsque, pressé par des autorités que ma
raison reconnaissait, je dus me poser cette question :
comment concilier ma religion pour Napoléon avec ce ferment
d'idées libérales qui m'arrivaient de tous côtés, et que j'étais
bien décidé à ne pas abandonner?

Cette première difficulté qui s'offrait à moi au commencement de la vie était trop grave pour que je pusse la résoudre
seul. Elle jeta un grand trouble dans mon esprit. Je ne sais
comment j'en serais sorti, si le travail qui se faisait alors
chez un grand nombre, la tendance de ce temps-là et les
ressources de mon âge, ne m'y eussent aidé. Entre Napoléon
et la liberté, je ne fis pas positivement mon choix; je ne
sacrifiai pas l'un à l'autre (je ne croyais pas encore ce sacri-

fiçe nécessaire); mais le sentiment de la liberté et toutes les
idées qui s'y rapportaient prenant peu à peu le dessus, chaque
jour j'y pensais davantage, et moins à Napoléon. Sa figure
de plus en plus voilée s'effaçait, disparaissait de mon esprit.

Si l'on m'eût parlé de sa captivité, ma religion se serait
réveillée en sursaut; mais aucune nouvelle ne venant de ce
côté, mon imagination n'allait pas au-devant et ne trouvait
plus d'aliment. Sans que j'eusse besoin de renier mon héros,
il s'éloignait; il semblait disparaître pour laisser place à
tout un monde d'idées qui ne pouvaient se rencontrer avec
lui. C'est dans cet intervalle de 1815 à 1821, pendant qu'il
était comme absent du monde, que germèrent librement en
moi les premières semences qui jamais n'eussent pu croître
à son ombre.

Lorsqu'en 1821, éclata aux quatre vents la formidable
nouvelle de la mort de Napoléon, il fit de nouveau irruption
dans mon esprit, il l'obséda; il se dressa pour ainsi dire
debout dans mon âme comme dans celle de tous les hommes
de ce temps-là. Mais il était trop tard pour la remplir et y
reprendre sa place souveraine. Cette place était prise par
d'autres fantômes que le sien. Il m'avait laissé deux ou trois
années de répit; j'en avais profité : ces années m'avaient suffi
pour échapper à l'autocratie de son génie.

Il revint hanter mon intelligence, non plus comme mon
Empereur et mon maître absolu, mais comme un spectre que
la mort a presque entièrement changé. Car je voyais en lui
un être tout différent de celui que le monde avait connu. Cette
idéologie qu'il avait tant maudite, il devait désormais la
servir, puisqu'il n'était plus qu'une idée. En outre, ses compagnons revenaient l'un après l'autre et témoignaient de sa
conversion aux idées qu'il avait foulées aux pieds, tant qu'il
avait été le maître. Il avait fini par être conquis lui-même
par ces notions de liberté et de justice. Quelle plus grande
démonstration de leur vérité, de leur puissance! Il avait voulu

les écraser; il avait fini par s'y soumettre. N'est-ce pas montrer qu'elles sont invincibles?

Ainsi, nous revendiquions la gloire non comme l'appui, mais comme l'ornement de la liberté. Quel hommage que celui du maître du monde à l'avenir souverain, que nous sentions tous en nous! Voilà comment j'accommodais ce qui m'avait paru inconciliable, mon culte pour Napoléon avec ma soif de liberté. Ce n'est pas nous qui allions à Napoléon, c'est Napoléon qui revenait à nous! Fallait-il le rejeter? Quel mal pouvait nous faire une grande mémoire convertie à nos propres espérances? Il était bien entendu, en effet, que la conciliation s'opérait dans les nues, avec une ombre morte, un fantôme, non pas avec un monarque évadé du tombeau.

Par malheur, je ne tardai pas à m'apercevoir que je ne suivais plus ici la voie du peuple. Dans ces différents efforts, j'avais quitté le vrai terrain de la légende; pour la première fois je me séparais de l'esprit des masses. Après toutes ces combinaisons d'intelligence par lesquelles j'avais passé, je revins auprès des premiers compagnons de mon enfance, les ouvriers, les paysans de Certines; il me sembla alors avoir fait un long voyage d'idées dans le pays des chimères, auquel ils étaient restés étrangers. Sitôt que je voulus, comme autrefois, ouvrir la bouche sur notre commune religion bonapartiste, je vis que nous étions séparés par des abîmes. Voici en quoi consistait la différence.

Je n'envisageais plus Napoléon qu'au point de vue de l'histoire; c'était un passé sur lequel s'exerçaient mes réflexions. Pour mes compagnons de charrue, c'était tout autre chose; ils n'avaient éprouvé aucun de mes embarras. Comme ils n'avaient embrassé aucune idée nouvelle, ils étaient demeurés inflexiblement attachés à l'ancienne. Jamais la liberté n'avait fait obstacle dans leur esprit à Napoléon; ils ne s'étaient pas ingéniés à les concilier. Ce qui n'était plus pour moi que l'histoire était resté pour eux la vie même. Ils

n'avaient pas toujours pensé à Napoléon, cela est vrai; mais
ils n'avaient pas pensé à autre chose. Ils n'avaient pas laissé
une autre idée occuper leur esprit. Tant qu'il vécut, ils l'atten-
dirent; mort, ils l'attendaient encore.

Quelle fatale découverte pour moi! Je compris que je marchais seul. Quelque chose s'était brisé entre le peuple dont
je faisais partie et moi. J'entrai dans la jeunesse en rompant
avec les masses cette communauté primitive de sentiments
populaires qui avait fait la force de mes premières années.
Était-ce la faute des masses? était-ce la mienne? Et qu'importe? il est certain qu'il avait fallu se séparer pour
avancer.

Combien de fois faudra-t-il rompre ainsi avec ses propres
racines? Je sentis que la voie serait douloureuse.

J'ai insisté sur cette histoire intérieure, parce qu'il me
semble que beaucoup de nos contemporains y retrouveront la
leur. Je ne comprends guère le plaisir de répéter à satiété :
« Voyez! admirez! je suis seul de mon espèce! »

Au contraire, mon vrai bonheur, ma force est de retrouver
en moi à chaque pas la bonne vieille nature humaine.

III

Si la plupart des hommes passent insensiblement d'une
saison de la vie à une autre, sans avoir conscience de ce
changement, au moment qu'il s'accomplit, je l'ignore. Pour
moi, ce travail de la vie s'est fait par violentes secousses. Tel
jour, telle heure, je me suis trouvé autre que je n'étais; je
pourrais dire l'instant où, cessant d'être enfant, j'ai commencé
d'être homme. Ce fut la première fois où je fis un acte de
volonté contre moi-même, où je sentis par une décision
virile que je pouvais être maître de mon cœur. A cette heure-

là, je passai d'un âge à un autre : j'en eus la conscience nette
et distincte, comme si je m'étais repétri de mes mains.

Avant d'entrer dans ces intimités, je m'interroge encore
une fois ; je me demande s'il est bon, s'il est convenable de
donner son secret, comme je le fais dans ces pages. Je me
réponds sans doute avec trop de complaisance que cette
appréhension serait naturelle, si je composais de ces souvenirs un livre destiné à affronter le grand jour; mais relégué
à la fin de mes œuvres, il me semble que je parle chez moi,
incognito, porte close, sans avoir à craindre aucune indiscré-
tion. Cette réflexion que j'abandonne à la bonne foi de celui
qui me lira me rend la sécurité qui peut-être allait me manquer ici.

Parmi les nombreuses personnes que je connus, dès que je
fus en liberté, se trouvait une famille alliée assez étroitement
à une maison souveraine. La nécessité des temps avait borné
cette famille à une condition médiocre, assez semblable à
celle de mes parents. Si jamais ces nouveaux amis avaient
nourri quelque grande ambition, ils avaient dû y renoncer.
Au moment dont je parle, ils étaient heureux de l'obscurité
parcimonieuse dans laquelle ils vivaient. Mon père et ma
mère étant dans une quasi-intimité avec eux, j'allais les voir.

Le chef de la maison entrait à peine dans l'âge mûr ; il avait
pris sous sa garde ses sœurs orphelines. Fin, pénétrant, bon
observateur des hommes qu'il connaissait bien, supérieur de
beaucoup à tout ce qui l'entourait, son grand, son unique
bonheur était de lire *Homère* et *Diogène Laërte* dans l'original,
chose rare, unique peut-être alors dans nos provinces, qui
ne pouvait manquer de me frapper chez un homme du
monde.

Je trouvai avec lui ses deux sœurs en deuil, l'une de seize
ans, l'autre de dix-huit. Elles étaient à table. A mon arrivée
elles enlevèrent un immense pain de seigle qu'elles avaient
peine à porter ; je m'avançai pour les y aider, mes yeux ren-

contrèrent la plus jeune; elle m'étonna comme un spectacle dont je n'avais aucune idée.

C'était une personne régulièrement belle, d'une beauté de statue antique, le profil tout romain, les yeux immobiles, étincelants, sous une forêt de cils, le front un peu bas, chargé de cheveux noirs d'ébène dont les tresses étaient nouées en masses sculpturales, une tête d'Agrippine faite pour le diadème; plutôt grande que petite, un cou de cygne, une taille fière, mais le teint mat et qui paraissait étranger. Son nom, tout romain comme elle, voulait dire Beauté. En outre, son costume de deuil lui donnait je ne sais quel air de sœur grise. Elle parla peu. Ce silence même ajouta pour moi à la stupéfaction que me causa sa présence. Elle m'inspira une sorte d'effroi, comme si j'eusse vu se mouvoir une statue avec laquelle je ne me serais senti aucun point de ressemblance.

Dès que je fus seul, je sentis avec une netteté parfaite deux choses : premièrement, qu'elle était maîtresse de mon cœur, de mes yeux, de ma mémoire, comme personne ne l'avait jamais été; deuxièmement, qu'il fallait m'arracher à cette obsession et me retrouver moi-même. Car cet hôte, froid, inconnu hier encore, que je trouvais partout en moi, et qui m'était bien plus présent que moi-même, me causa dès le commencement une peine insupportable. Ce n'était plus la vision complaisante de Mlle Genevier que je gouvernais à mon gré, au milieu des aubépines et des genêts en fleurs. C'était une force dont je me sentais opprimé, écrasé. En même temps que je lui fus soumis, je me résolus de lui échapper.

Cruelle, funeste expérience pour une âme novice, de s'apercevoir pour la première fois qu'elle n'est plus maîtresse chez elle; qu'une autre, et bien pis encore, que la pensée d'une autre l'investit et la possède; que la solitude primitive est détruite sans retour; qu'un personnage étranger s'est glissé dans les premières ombres matinales! Cette première

Je trouvais avec lui ses deux sœurs en deuil.

douleur n'eut rien de vague, elle fut perçante, cuisante. Je
m'éveillai à la vie morale par un cri de l'âme. Bientôt après,
en aimant, je sentis l'intolérable douleur de ne pas être aimé.
Car je ne songeais pas même à l'être; je n'eus jamais l'idée
que cela fût seulement possible.

Quoique je fusse dès lors tel que j'ai été plus tard, je sentais trop ce qui me manquait par les années. De plus, je
voyais avec un discernement auquel l'âge n'a rien ajouté
combien peu de ressemblance morale il y avait entre nous,
que ce n'était pas celle que je devais aimer librement, volontairement, qu'ainsi le mal dont je souffrais n'était qu'une
folie; cette folie pouvait aisément devenir ridicule. Elle
l'était presque à mes yeux. Je voyais tout cela, je me le disais
cent fois le jour, bien mieux que n'eût pu le faire le plus sage
Mentor.

Pour conclure, il eût fallu m'interdire la vue de la personne
que j'aimais. Cette idée ne me vint pas. Je connaissais trop
peu le moyen d'échapper à un sentiment si nouveau; peut-être
aussi eût-ce été trop exiger des forces de mon âge. Je profitai
donc de toutes les occasions que j'avais de voir celle que
j'étais déterminé à fuir. Elles étaient nombreuses, presque de
chaque jour; et en vérité mon mal n'en fut point augmenté;
il fut dès le premier jour tout ce qu'il fut dans la suite, sans
s'accroître ni diminuer; et le moyen qu'il en fût autrement,
avec le parti que j'avais pris de me vaincre, en même temps
que de me livrer?

Dès que le jour paraissait, je montais sur une hauteur d'où
j'apercevais de loin la maison à travers les arbres. Je suivais
des yeux les oiseaux qui allaient se poser à l'angle du toit ou
dans le verger. Enfin moi-même je prenais mon vol. Après
avoir composé mon visage, après avoir pris toutes les résolu-
tions les plus stoïques, je m'avançais gravement à pas lents
vers cette demeure redoutée. Au moment de franchir le seuil,
j'hésitais. Je retournais sur mes pas. Tout mon cœur se sou-

levait. Je m'éloignais, je fuyais dans la campagne jusqu'à ce j'eusse retrouvé le calme que j'avais cru me donner. Alors je revenais; sans me consulter, je franchissais le verger, la cour, le jardin. J'arrivais devant celle qui était pour moi un objet de crainte, bien plus que de désir, à demi mort au dedans, mais sans que rien trahît au dehors l'état par lequel je venais de passer. Durant de longues heures d'entretiens frivoles ou sérieux, je me donnais la triste joie de l'enfant de Sparte, qui, sans crier, se laissait déchirer par le renard; moi aussi je me sentais déchirer. Mais ni mon visage, ni mes paroles n'en témoignaient rien; et cela dura trois ans sans qu'aucun étranger ait jamais pu dire dans cet intervalle qu'il me soit échappé un mot, un regard, un soupir qui ait révélé mon secret. Moi seul je le possède. Celle qui en fut l'objet ne s'en est jamais doutée.

Combien cette première vision des choses belles fut acca-blante, écrasante pour moi, sans nulle proportion avec mes forces, c'est ce qu'il m'est impossible de dire. Cette jeune âme que je portais en moi depuis quinze ans, avec qui j'avais si bien accoutumé de vivre, je ne la trouvais plus, mais à sa place une inconnue qui conduisait mes yeux, ma pensée, là où j'étais déterminé à ne pas les diriger. Que cette sujétion me fut nouvelle! Que mon silence me coûtait cher! que de cris étouffés, dès que j'étais renfermé seul dans ma chambre! Une fois ils percèrent les murs; ils furent entendus de toute la maison, mais sans qu'on en soupçonnât la cause. Cela fut rejeté sur le compte des nerfs et il ne manqua pas de personnes charitables pour m'apporter des gouttes d'Hoff-mann.

Un seul point me restait, la volonté inébranlable de m'af-franchir, à tout prix. J'ouvris un siège en règle contre moi-même. Je portai la cognée à l'arbre naissant; je frappai avec un acharnement étrange; mais quelle prise pouvais-je avoir contre la tyrannie de la beauté? par où l'attaquer?

Je sentis alors douloureusement à mes dépens combien l'idolâtrie de la beauté est une chose accablante quand elle règne seule! Je voyais la beauté pure; sans chercher rien autre chose, j'en étais ébloui. Je me trouvais ensorcelé par cette magie, avec une sourde indignation contre moi-même, de ce que, sans le consentement de mon cœur, ou plutôt malgré son désaveu formel, j'étais retenu dans ce cercle d'esclavage.

Et comment m'y soustraire? Si je m'étais épris des sentiments de la personne qui me maîtrisait ainsi, ou seulement s'ils étaient entrés pour une grande part dans cette surprise de mon cœur, j'aurais pu me dire que je me faisais illusion, qu'elle n'était point telle que je l'imaginais, que je me forgeais un fantôme sans réalité. Mais non! Cette manière de me défendre m'était impossible. Je savais par un pressentiment sûr que si je devais jamais trouver un cœur semblable au mien, ce n'était pas en elle qu'il fallait le chercher.

Ce que j'aimais en elle, ce n'était ni sa pensée, ni son âme, que je ne connaissais pas. Ce que j'aimais, c'était la beauté, la beauté seule, telle qu'elle m'était apparue pour la première fois. Pouvais-je me dire qu'elle n'était pas belle? Voilà ce qu'il aurait fallu pour me délivrer. Je l'essayai d'abord. Je contestai le témoignage de mes yeux; je me démontrai que cette figure, que je prenais pour celle de l'éternelle beauté, n'était rien de cela. J'employai contre moi-même une autre arme qui me servit un peu mieux, l'ironie. Je détruisis de cette manière plusieurs fois pièce à pièce mon idole. Je me crus sauvé. Mais au premier regard, tout ce long travail de destruction était lui-même détruit. A la première rencontre, il ne restait que l'évidence de la beauté vraie, invincible, indiscutable, qui m'enveloppait, m'hébétait de ses rayons; je me voyais de nouveau avec désespoir plus impuissant que jamais contre cette domination.

Retiré à la campagne, c'est là que je m'aperçus combien le

mal que je croyais vaincu, à mesure que je le nourrissais,
était devenu profond. J'en pus juger à l'impression que fit sur
moi la nature; non que je la revisse avec plaisir; ce fut tout
l'opposé. C'est sur elle que je fis retomber d'abord le mécontentement qui me rongeait. Pour la première fois, notre pauvre
Certines me parut indigent. Ingrat que j'étais! je n'en goûtais plus, je n'en comprenais plus la douceur, la placidité. Car
je ne voyais pas dans cet agreste, rustique horizon, un seul
endroit où je pusse placer la figure toute sculpturale de celle
qui avait détruit ma paix. Ce n'était pas au milieu de nos
taillis, sur le bord de nos étangs plaintifs, parmi les joncs et
les fougères, que je pouvais dresser cette statue romaine.
Dès lors je travaillai à gâter dans mon esprit le paysage
qui ne m'offrait aucune relation avec la pensée dont j'étais
obsédé. Le silence de nos bois me semblait horrible et pire
encore la plaine jaunie, dépouillée de ses moissons. Une tristesse maladive s'en exhalait avec les miasmes des marais.
Alors j'aspirais avec une ardeur indicible à d'autres horizons;
j'étais pris du mal du pays pour toutes les contrées que je
ne connaissais pas et d'abord pour l'horizon romain ou
pour celui de la Grèce. Car c'est là, sans doute, que ce trouvait une terre digne d'Elle, là-bas, au loin, au bord de la
mer bleue.

Une fois sur ce chemin, je travaillai de mon mieux à refaire, à
corriger la création. De plus en plus brouillé avec nos landes
bocagères, que je méprisais, parce que je ne les comprenais
plus, je m'en éloignai autant que je pouvais. Je n'allai pas
d'abord jusqu'à Rome et Athènes. Mais, armé d'un fusil, je
franchis pour la première fois l'horizon de nos montagnes. Je
visitai les ruines de notre Revermont, la Tour de Saint-André,
Rignat, le vieux château de Jasseron, qui me parut, depuis
ce jour-là, ressembler à une tombe sur la colline. Je poussai
jusqu'à la rivière d'Ain, jusqu'à notre orageux voisin, le
Rhône. Je vis avec surprise qu'à quelques pas de notre

demeure se trouvaient des sites âpres, sauvages, tels que j'en
avais imaginé. Mais à peine y avais-je touché, j'aurais voulu
m'engager plus avant dans le désert. Cette première vue de
la nature alpestre ne faisait qu'irriter en moi le désir tout
nouveau de changer de lieu, d'émigrer. Où? je n'aurais pu
le dire.

Le soir venu, il fallait sortir de ces solitudes. Je redescendais
la montagne, je rentrais dans notre douce retraite devenue
pour moi une prison. Je respirais en toutes choses une fièvre
mille fois plus maligne que celle de nos marais. Mille idées
funestes fermentaient dans mon âme. J'en rapporterai une
seule; que ce soit là mon châtiment.

Comme je revenais dans la tiède vapeur de nos étangs, la
mélancolie des lieux, des choses, m'opprimait ce soir-là plus
qu'à l'ordinaire. Un gardeur de chevaux fit entendre, dans
l'avenue de Montmort, le *Chant du bouvier*. La longue note
ténue, tremblante de ce chant né dans nos plaines et fait
pour elles, me navra de son lent accent de détresse. Le sentiment que je portais en moi en silence était trop fort pour
mon âge. Je pliais sous le faix.

Je m'arrêtai; j'armai mon fusil; j'en mis le canon dans ma
bouche, et je me précipitai à la course pendant une cinquan-
taine de pas. Ce mouvement fut irréfléchi. Mais, en y pensant
plus tard, j'ai trouvé qu'il y avait au fond ce sentiment
obscur : si le fusil part pendant ma course, c'est qu'il est
décidé en haut que je ne dois pas être un homme. Au contraire, si le fusil ne part pas, c'est la preuve que je réussirai
à me vaincre. J'extirperai de mon cœur l'image qui m'accable,
je serai et ferai quelque chose.

Une vive douleur est attachée à la croissance physique. Il y
a aussi dans la croissance morale de cuisants aiguillons. Pour
ceux-ci je les ai ressentis dans toute leur force. Chaque homme
a son moment de chaos. Le mien fut profond, à cette heure-
là. Je ne suis plus jamais tombé si bas. Au sortir de cette nuit

fiévreuse, j'aperçus un commencement de lumière. Depuis ce
moment, elle a été souvent obscurcie, mais elle ne m'a jamais
abandonné.

IV

Chaque année, pendant l'automne, nous nous trouvions
réunis, ma mère, ma sœur et moi. Jusque-là, ces temps
avaient été des époques de félicité sans mélange, car il n'y
avait pas alors sur la terre trois êtres plus intimement unis
que nous l'étions. On me tenait compte de petits progrès
insensibles. Rien de plus charmant que l'association d'un fils,
d'une sœur et d'une mère. Ce qui n'a pas de valeur pour l'un
en a une grande pour l'autre. Si ma mère était peu frappée,
et avec raison, des progrès de mon intelligence, au contraire,
ma sœur, qui sortait comme moi de l'enfance, sentait le
moindre changement qui s'opérait en moi. Elle prétendait que
j'étais comme le jeune cerf, qui ajoute chaque année un nouveau rameau à son bois; c'est elle qui faisait toujours la
découverte de ces prétendues acquisitions, que nulle autre
qu'elle n'apercevait. Mais, comme elle s'obstinait et qu'elle
assurait que j'avais gagné quelque chose, que le temps n'avait
pas été perdu, nous finissions, ma mère et moi, par la croire
et nous en rapporter aveuglément à elle. Si j'étais un igno-
rant pour ma mère, j'étais presque un savant pour ma sœur;
l'équilibre se trouvait ainsi rétabli.

Au milieu de cette paix des anges, le changement violent
qui s'était fait en moi ne pouvait manquer d'être remarqué;
il le fut et je ne m'en défendis pas. C'est bien assez de garder
le secret au dehors. Je ne me contraignis pas dans l'intimité
de ces deux âmes, qui me semblaient être deux parties de
moi-même. Je leur montrai mes révoltes, mes lassitudes;

elles en furent consternées. L'intrusion d'une image étrangère dans notre petite société à trois nous devint de jour en jour plus insupportable, et j'étais encore celui qui y était le plus opposé. Nous nous concertions pour faire à cette image une guerre implacable ; chacun de nous eut son rôle assigné dans cette lutte. Ma mère prit le rôle de l'ironie contre moi; celui de ma sœur était de trouver le défaut de la cuirasse dans mon idole, et elle prétendit enfin savoir de bonne source que cette beauté accomplie ne dansait pas en mesure. Premier point pour ébranler la Déesse. Nous trouvâmes encore, en examinant de plus près, que ses beaux cheveux nattés à l'antique étaient peut-être un peu rudes. Je convenais dans mes bons moments qu'elle avait le teint bronzé d'un beau vase étrusque. Mais là s'arrêtait la critique. Tout le reste échappait à nos traits. En dépit de ces moqueries, l'inquiétude, le trouble, s'étaient glissés parmi nous.

Comme nous revenions, par une chaude soirée de septembre, de notre promenade dans les bois, où nous avions chacun épuisé nos moyens de défense, un ouragan nous surprit. Le tonnerre tombait à chaque instant autour de nous ; la nuit était noire. Un éclair nous enveloppe : « Mourir ensemble! » Ce cri nous échappe à tous trois en même temps; nous nous jetons dans les bras l'un de l'autre. Pour elles, ce cri sortait du ciel ; mais moi, combien mon cœur était troublé!

En ce moment la petite clochette du père Pichon commença à tinter. Je l'entends encore en écrivant ces lignes après quarante années.

V

C'est dans l'automne de 1817 que j'entrai au collège de Lyon : bâtiments noirs, voûtes ténébreuses, portes verrouillées et grillées, chapelles humides, hautes murailles qui

cachaient le soleil. J'y passai trois ans. J'aurais dû y mourir
d'ennui; et ce fut tout le contraire. C'est là que je retrouvai la
solitude d'abord, et, qui l'eût cru? la liberté.

Ce grand bien, je le dus à la musique. On s'ingénia à me
trouver un réduit où je pusse prendre mes leçons. On finit
par découvrir dans l'épaisseur d'un mur un coin étroit, obscur,
méprisé de tout le monde, qui servait aux ouvriers pour y
déposer leurs outils.

Un abbé me demanda si je m'accommoderais de ce taudis.
Je tremblais qu'il ne se ravisât; je l'assurai que c'était là justement l'endroit qu'il me fallait. Sur ma réponse, il m'en
donna la clef. Une fois possesseur de cette bienheureuse clef
massive, je sentis que je pouvais m'isoler, qu'en un mot
j'étais libre!

De ce moment, en effet, je le fus, et je n'ai plus cessé de
l'être!

En examinant ce lieu de délices, je trouvai qu'il était
encombré de vieilles briques cassées; des toiles d'araignées
en tapissaient les murs obliques, lézardés. Le jour n'entrait
qu'à peine à travers une fenêtre basse, garnie d'un treillage de
fer; encore les vitres en étaient obscurcies par une poussière
séculaire; la vue s'ouvrait sous une voûte lugubre qui ne
laissait jamais arriver un rayon de soleil.

Je m'installai dans ce cachot comme dans un palais.

Quand j'eus rangé les briques en tas, il me resta pour me
mouvoir une niche de quatre ou cinq pieds carrés, où j'avais
toutes les peines du monde à me tenir debout. Un pupitre, un
lutrin, qui devait me servir de table à écrire, une chaise de
paille, qu'avais-je besoin de plus? Et comment ne m'arrêterais-je pas avec complaisance à décrire ce réduit? Aucun
endroit de la terre ne doit m'être plus précieux. C'est là, dans
ce cachot, que j'ouvris enfin les yeux à la lumière. C'est là
que je naquis à l'intelligence, à l'amour des beaux livres, des
belles idées immortelles, de tout ce qui n'avait fait jusque-là

qu'effleurer ma vie, et qui devait y tenir désormais une si
grande place.

En regardant mieux à l'extrémité de la voûte, je vis, ou je
crus voir le Rhône; j'en tressaillis de joie. O beau fleuve
rapide, turbulent compagnon, si je suis réellement né à ton
murmure, et si tout le reste m'oublie, souviens-toi de moi
quand tu passes. Tu es ici mon témoin pour tout ce que j'ai
fait, pensé, rêvé, aimé, souffert, espéré dans ce réduit, où nul
n'entrait que moi! Toi seul m'as vu, toi seul m'as entendu!
Aide-moi à retrouver fidèlement ces heures si bien ensevelies!

C'était un bien inexprimable que d'avoir trouvé pour me
recueillir ces quelques pieds carrés. Mais il dépendait des
maîtres auxquels j'étais soumis de rendre ce bien inutile et
de retarder de trois ans encore ma première heure de vie
intellectuelle.

Si le directeur du collège, M. l'abbé Rousseau, eût voulu
me plier aux usages stricts et à la règle de la maison, combien n'aurait-il pas eu d'occasions de me désespérer! Heureusement l'abbé Rousseau n'y songea seulement pas. Savant et
aimant la science pour elle-même, cet austère vieillard sentit
que la passion de l'étude allait s'éveiller chez moi et qu'il
n'avait qu'à me laisser faire. Grand, sec, taciturne, timide, la
tête un peu courbée sous la méditation, la face jaune, il était,
avec un visage sévère, la douceur, la mansuétude même. Pendant quelques jours il m'observa; puis, voyant quel usage je
faisais de ma retraite, il m'en laissa jouir à mon gré et cessa
de m'observer. Homme de solitude, il comprit combien la
solitude me serait bonne; il la fit autour de moi. Je pus donc
m'enfermer à loisir dans mon fort; je pus m'y verrouiller, y
passer une partie de la journée, sans avoir à rendre compte à
personne de mes actions, ni de mes pensées.

De ce jour, je vécus à peu près comme dans un grand couvent, où j'aurais occupé ma cellule. Pendant les trois années
que j'y passai, quoique je fusse en violation presque perpé-

tuelle de la règle, m'oubliant pendant les études, et quelquefois pendant les offices, les repas et jusqu'à la nuit, je
n'entendis jamais de l'abbé Rousseau, ni de personne, une
parole de blâme. Une fois seulement, à la revue qu'il passait
le dimanche, il se trouva que j'avais ciré un seul de mes souliers; encore n'en fit-il pas la remarque; il se contenta de
sourire et de soupirer en passant.

Je ne puis espérer que ce digne homme vive encore! En
quelque lieu qu'il soit, je lui adresse ici, du fond de l'âme, ma
fervente reconnaissance. Par la douceur qu'il répandit sur
ma vie, par la liberté qu'il me laissa, au milieu d'une règle
inflexible pour tous les autres, il me donna trois ans de sécurité, de paix et de silence, pendant lesquels mon intelligence
put enfin s'éveiller et se prendre à quelque chose. Je ne pouvais naître à la vie spirituelle qu'en pleine liberté; tant que
celle-ci me manqua, je ne fus rien. Dès qu'elle m'appartint,
je m'éveillai. Si elle pouvait m'être retirée, je retomberais
dans mon premier néant.

Après une violente crise de l'âme, chaque homme est destiné à une grande surprise. En revenant après une interruption de travail même assez longue à sa profession, à son
emploi, à son métier, à son instrument, à son outil, il
découvre que, sans étude, il y a fait des progrès dont il ne
peut douter. Car le mécanisme même qui semble ne pouvoir
se passer d'une habitude soutenue lui est devenu incompara-
blement plus facile. Ses doigts, sa langue se sont déliés. Ses
yeux voient ce qu'ils ne voyaient pas, ses oreilles entendent
ce qu'elles n'entendaient pas, comme s'il eût agi, travaillé
pendant son sommeil. C'est que la vie tout entière a monté
d'un degré.

L'esprit a franchi l'intervalle que les sens hébétés ne pouvaient mesurer sans vertige. L'âme a poussé le corps et l'a
jeté en avant dans la mêlée. Le moment était venu pour moi
d'éprouver tout ce que je viens de dire.

Tant que les études classiques me furent enseignées, elles me parurent une servitude; j'y refusai obstinément mon esprit et ma mémoire. Dès que ces études cessèrent d'être obligées, je me passionnai pour elles; j'entrepris de me donner moi-même l'éducation et l'instruction que j'avais follement rejetées de mes maîtres.

J'ouvris un livre latin qui se trouva sous ma main. C'étaient les *Métamorphoses* d'Ovide. Grande fut ma stupéfaction d'en comprendre couramment plusieurs vers et surtout de les lire avec plaisir. Je renouvelai cette épreuve sur d'autres auteurs, par exemple, sur Pline l'Ancien; je le compris encore. Mon étonnement redoubla. Quelques mois auparavant, l'idée ne me fût pas seulement venue de tenter cette épreuve, et certainement elle n'eût pas réussi.

Il me sembla que des entraves s'étaient rompues dans mon esprit. De vives lumières s'étaient allumées; un rideau s'était déchiré, je voyais ce que je n'avais jamais vu. Les mots mêmes que je croyais ignorer, je les devinais. Je ne sais combien de sens nouveaux s'étaient subitement éveillés en moi.

Me voilà embarqué dans la mer de l'antiquité latine, avec la volonté formelle de lire tout ce qu'avaient écrit les Romains, cherchant toujours si ce monde que je venais de découvrir n'allait pas m'échapper, et en prenant de plus en plus possession avec un plaisir mêlé de surprise. Comme je n'avais jusque-là jamais attaché mon attention aux œuvres de l'antiquité, j'y arrivai neuf, autant que l'enfant qui vient de naître. En même temps, je possédais tous les instruments nécessaires pour la saisir. L'antiquité ne m'apparut pas lentement, progressivement après un long effort, ainsi qu'il arrive par les voies ordinaires; je n'étais usé sur rien. Elle se leva, elle éclata, elle se dévoila tout entière devant moi, en un moment, comme une journée splendide qui n'aurait pas d'aurore.

La bonne fortune (car je n'avais aucun guide) voulut que,
dans cette course furieuse, je suivisse néanmoins l'ordre des
temps. Et je ne me contentai pas du texte, je lus avec une
ardeur presque aussi dévorante les commentaires dans mes
belles éditions d'Elzévir, des *Variorum* que je tenais de mon
grand-père. Texte et commentaires, tout m'était bon, pourvu
que je retrouvasse seulement un parfum, un écho de ce
monde antique. Après avoir commencé par les fragments
d'Ennius, par Plaute et Térence, Lucrèce, je descendis le tor-
rent jusqu'à Claudien; mais je ne m'arrêtai pas à cette
première décadence; j'arrivai d'un bond jusqu'à Sidoine
Apollinaire, Grégoire de Tours. Dans cette première faim
insatiable, c'est à peine si je faisais un choix; l'aridité des
Questions naturelles de Sénèque, loin de me rebuter, me ravit.
Je me délectai de cette physique fabuleuse par laquelle je
corrigeais celle de M. Biot.

Je tombai malade assez sérieusement. Je ne voulus pas
perdre une heure; un de mes camarades me lisait à mon
chevet les plus beaux livres de l'*Énéide*! Ah! qu'il eût été
doux de mourir au milieu des premiers enchantements des
plaintes de Didon! Qui m'assure d'ailleurs que dans cette
fureur d'antiquité il n'y avait pas au fond l'image de ma belle
Romaine?

Le bon abbé Rousseau nourrissait innocemment cette
fièvre! Toute sa bibliothèque y passa bientôt. Je ne voulais
pas qu'une seule ligne de l'Antiquité romaine m'échappât, et
je crois en effet que j'y réussis. Pour lui, avec sa mansuétude
ordinaire, il se contentait de dire, quand mon père l'interro-
geait sur moi : « Je ne sais en vérité où peuvent le mener ces
immenses lectures! » Après quoi il me prêtait ses éditions les
meilleures, ses textes les plus complets, ce qu'il ne faisait
pour personne; puis il recommençait doucement à branler la
tête et à soupirer.

Cette première curiosité aveugle un peu assouvie, je revins

sur mes pas; je recommençai ce long voyage. Pour me conduire, je n'avais ni conseiller, ni maître; mais je trouvai bien
mieux que cela dans les incomparables monuments des Elzé-
virs que j'avais rapportés de la bibliothèque de Certines. Je
trouvai là rassemblés les commentaires des Casaubon, des
Scaliger, des Cujas, des Sigonius, des Érasme, des Juste-
Lipse. Si j'avais dû aller chercher moi-même ces savants
hommes, je me serais découragé avant de les avoir décou-
verts. En les voyant réunis, je n'eus qu'à m'abandonner à
eux; et sans que je m'en aperçusse, ils me conduisirent sur
le chemin de la haute philologie, où je n'aurais plus eu besoin
que de persévérance pour glaner moi aussi peut-être quelques
épis après leur moisson.

Cette grave compagnie ne me fut pas inutile. J'appris de
ces maîtres, chemin faisant, à ne laisser passer aucun mot
sans le peser, l'examiner de près, sans chercher son histoire
dans celle des mœurs, des usages, des opinions, des lois. Ce
fut pour moi la première révélation de l'histoire, que j'aperçus
non dans les faits, qui me touchaient alors faiblement, mais
dans les révolutions intimes de la langue.

En même temps je fis un choix entre les auteurs qui me
semblaient d'abord tous également divins. Je n'osais m'avouer
que les poètes romains me laissaient un peu froid. Quand il
fallut en convenir, c'est moi que j'accusai, non pas eux.
Enfin je me décidai, et ce fut pour Tacite. J'en fis mon
bréviaire, mon compagnon, mon homme. Je ne m'en séparai
plus ni jour, ni nuit.

Qu'est-ce qui faisait de Tacite un livre unique, incomparable pour moi? Ce n'était pas seulement ce qu'on a coutume
d'y chercher, le secret de l'âme d'un tyran. Je découvris en
lui quelque chose qui me regardait et me touchait de plus
près : le récit de ce que j'avais vu moi-même, des catastro-
phes, des chutes d'empire; des empereurs fugitifs, renversés,
relevés, rejetés en quelques mois; des aigles prises et

quittées, des révolutions de soldats qui me remettaient en mémoire la cocarde que j'avais donnée au bataillon de 1815. Les Cent-Jours reparaissaient dans les vies rapides de Galba, d'Othon; surtout je retrouvais l'avant-garde des barbares que j'avais vus au bivac. Je les reconnaissais dans les mœurs des Germains, dans les guerres lointaines de Varus, de Germanicus.

Ces langues inconnues, vandales, qui avaient résonné à mes oreilles, ce tumulte d'armées, ces flots intarissables d'hommes blonds qui avaient passé sous nos fenêtres, j'avais la prétention de les retrouver presque les mêmes dans les descriptions de mon Tacite. Les Hérules, les Chérusques avaient défilé devant moi, et voilà que je les revoyais passer. Bientôt j'allai plus loin que l'historien. Par delà son horizon je découvrais la forêt de lances des Cosaques; je reconnaissais en vedettes perdues les petits chevaux des Huns pour les avoir vu mener à l'abreuvoir.

Ainsi les grandes invasions de 1814 et de 1815 avaient laissé dans ma mémoire un fond d'impressions, d'images à travers lesquelles j'entrevoyais toutes choses. L'écroulement d'un monde avait été ma première éducation. Je m'intéressais dans le passé à tout ce qui pouvait me présenter quelque vraisemblance avec ces immenses bouleversements d'hommes qui avaient d'abord frappé mes yeux. Grâce à cette analogie, l'histoire que je ne pouvais souffrir devenait une chose vivante, de morte qu'elle était auparavant. Le passé était à bien des égards le présent qui m'agitait encore.

Quand je lus dans Sidoine Apollinaire que les barbares de son temps enduisaient de beurre leurs moustaches, ce petit détail replaça vivement sous mes yeux ce que j'avais vu cent fois de nos garnisaires allemands, croates, russes; et il me semble que si mes contemporains faisaient un retour sur eux-mêmes, ils avoueraient que le sens historique des grandes masses humaines, caractère de notre époque, a été éveillé, suscité en eux par la même cause, par le même spectacle du débordement des peuples hors de leur ancien lit.

Voilà du moins pourquoi j'associai si vite, par un rapprochement autrement inexplicable, à ma passion pour Tacite, mon engouement pour Grégoire de Tours; il n'avait pu m'échapper dans la pauvre bibliothèque de Certines qui se composait de quelques volumes.

Avec lui l'invasion était non plus seulement une menace éloignée, mais un événement accompli. De tous côtés faisaient halte, en masses profondes, ces mêmes hôtes étrangers que j'avais connus dans la maison paternelle. Moi aussi j'avais vu la *fabrique des nations* enfanter peuples sur peuples pour nous engloutir. Moi aussi j'avais entendu en 1814 et 1815 retentir le marteau d'Attila sur nos campagnes. J'avais vu, revu les Goths, les Wisigoths; hier encore ils arrivaient la tête ombragée de rameaux verts, comme les forêts qui marchent dans le songe de Macbeth. Pouvais-je oublier leurs chansons de guerre? N'osèrent-ils pas mettre le feu à l'un de nos pavillons de Certines, qui en porta toujours la cicatrice? J'avais conversé avec les hommes chevelus de Mérovée, de Clodion, de Chilpéric, de Gontran; et, ce qui ajoutait à l'illusion, je retrouvais, dans le latin de Grégoire de Tours, le latin barbare dont je m'étais servi avec eux.

Tout cela fit que j'entrepris dès lors sur Grégoire de Tours un travail à l'exemple de mes grands commentateurs, et je possède encore cette ébauche. J'étais là sur le chemin des travaux modernes. Pendant plusieurs années je m'y obstinai, ainsi qu'à l'étude des barbares, jusqu'à ce que je me visse tout à coup devancé de 1822 à 1824 par les beaux travaux qui ont commencé la renommée de M. Guizot et d'Augustin Thierry. Dès leur début je jugeai que la place était prise et bien prise; je dus me chercher une autre voie. Je n'aurais pas même parlé de cette première tentative si l'on n'y voyait, ce me semble, comment sans auxiliaires, sans l'impulsion

de personne, dans le fond d'une province, le sentiment historique des époques primitives s'éveillait naturellement, sponta-
nément dans un esprit novice, par le souvenir de la barbarie
où nous avions tous été enveloppés; nous en sortions à
peine.

VI

Combien cette antiquité, aperçue ainsi dans la solitude, me
fut salutaire! Elle devenait peu à peu pour moi comme une
religion! Je goûtais dans toute sa sérénité la félicité des âmes
élyséennes; car, n'ayant point d'application à faire de ces
premiers travaux, j'étais récompensé de mon désintéresse-
ment par la conversation avec les anciens, par-dessus les
temps. O premier regard d'un adolescent sur le monde des
esprits! que vous l'emportez sur la première vision de
l'univers! Je sentais la paix des choses mortes. Cette paix,
bien mieux que l'haleine du Rhône, me rafraîchissait le
cœur.

Le sort m'a été propice en me donnant pour première base
le génie latin. Sans cela, mon chaos eût été plus lent encore
à s'organiser. C'était peut-être l'esprit qui m'était naturellement le plus opposé. Mais il me fournit un lest puissant qui
m'empêcha d'errer à tous les vents de la fantaisie, comme
je n'y étais que trop enclin. Si j'eusse commencé, ainsi que
je l'aurais dû, par les Grecs, je me serais, je crois, brûlé à
cette vive flamme éthérée. Il me fallait un peu de glace pour
amortir ma première fièvre.

Un tempérament d'un autre genre était celui que je trouvais à l'église. Nous allions chaque jour à la messe. Je portais avec moi une grande Bible latine et je la lisais pendant
l'office. Il eût suffi d'un simple signe d'un de nos directeurs

pour mettre fin à ces *a parte* dans lesquels je m'absorbais au point de ne plus suivre les cérémonies. Or, cet in-folio très apparent ne pouvait échapper aux yeux de personne. J'eus la liberté d'achever ma Bible, de la recommencer jusqu'à la dernière ligne. Après quoi je la remplaçai par les *Confessions de saint Augustin*, par l'*Imitation de Jésus-Christ*, qui m'alla droit au cœur, tant je m'appliquai comme ma propre histoire tous les élans du solitaire vers sa cellule. A ces œuvres ascétiques je finis par mêler les *Méditations* et les *Sermons* de M. Necker, que ma mère, à mon départ, avait cachés dans mon bagage.

Les offices ainsi remplis finissaient à mon gré toujours trop tôt. Je n'en sentais le poids que lorsque mon tour venait de servir la messe; car je ne pouvais plus ni lire, ni penser, ni rêver. La crainte de sonner à contre-temps ou de troubler la sainteté du moment et du lieu m'absorbait entièrement.

Cette perpétuelle lecture de la Bible dans l'église aurait dû, ce semble, ranimer mon ancienne ferveur. On le croyait peut-être. Les cérémonies auxquelles j'assistais eussent pu servir de commentaires pour me ramener à la foi. Je ne fis rien pour la chercher, ni pour la fuir. Elle ne revint pas; je n'en fus ni affligé, ni glorieux. Non que je restasse insensible aux beautés du culte. Mais ces beautés mêmes produisirent sur moi un effet opposé à celui qu'on aurait pu attendre. Ayant toujours sous les yeux le texte de l'Ancien et du Nouveau Testament, je regardais les cérémonies avec curiosité, pour voir quel rapport elles avaient avec ce texte. C'étaient pour moi comme des notes vivantes en regard des saints livres. Je m'accoutumais ainsi à mon insu à voir toutes les pompes et les mystères du culte par le côté historique. Je ne dogmatisais pas; je ne niais pas. Je m'expliquais chaque chose; j'étais souvent attendri, jamais ébranlé.

Une fois le sentiment de l'histoire éveillé dans mon esprit, aucun des éblouissements du culte ne put m'atteindre. Je

n'eus plus une heure, un instant d'incertitude. Pendant que
j'étais plongé dans mes lectures bibliques, j'entendais avec
stupéfaction la prose monacale de l'Église. J'avais, tout
ensemble, le sentiment de l'antiquité orientale et celui d'un
chant du moyen âge.

Je comprenais la dissonance de ces temps; j'admirais
comme elle était adoucie, au point de se changer en accord
par l'harmonie des siècles. Dans cette surprise de l'âme il
n'y avait nul retour à la foi. Dieu merci, je ne m'en fis point
accroire sur ce sujet, non plus que sur aucun autre.

VII

Ce collège, était-ce donc l'abbaye de Thélème? chacun y
faisait-il ce qui lui plaisait? Tant s'en faut. J'ai dit que l'ordre
y était extrême, la règle inflexible, excepté pour moi seul.
Encore avais-je mes heures d'assujettissement. Mon étude
nominale était la philosophie. On suivait celle des séminaires,
connue sous le nom de *Philosophie de Lyon*. C'est un traité en
latin, où sont réfutées toutes les idées des penseurs modernes.

Notre maître, abbé disert du xviiiᵉ siècle, aimable, élégant,
chantant bien, prêchant mal, eût été tenté, je crois, de sortir
de cette voie. Mais aucune pensée philosophique n'avait alors
percé en France. Je me trouvai rejeté soudainement en pleine
aridité de l'Empire, avec la nécessité de ne parler que latin.
Belle et dernière occasion de faire montre de mon patois
croate, hongrois, slavon! Je ne m'en avisai pas. Au milieu
de ce jargon dans lequel le maître était plus embarrassé que
l'élève, quelle pensée pouvait surgir! Trop heureux quand on
avait pu arriver à bon port d'une phrase commencée sur
Condillac, *ornatissimo et amplissimo viro*! Maître et auditoire
reprenaient alors péniblement haleine; et nul ne se sentait

impatient de la récidive. Ces heures étaient donc à peu près vides ; si les autres eussent ressemblé à celles-là, je n'aurais rien à en dire.

Mais la philosophie se trouva pour moi dans les mathématiques. C'est à elles que mon père me destinait. Je devais m'y donner tout entier. Si j'eusse cherché mon maître entre mille, je n'eusse pu choisir mieux, non pour son extérieur, qui était celui de l'astronome tombé au fond du puits, mais pour sa candeur, pour son ingénuité et aussi pour sa science, qui était profonde.

M. Chachuàt (je veux garder le souvenir de cet homme qui me fit tant de bien) était de Cluny ; il avait conservé le costume de l'autre siècle : habit à rabat, long jabot, culotte courte, cheveux en cadenettes qu'il fut le dernier homme de France à quitter ; petit chapeau de merveilleux qu'il avait oublié de changer depuis le Directoire ; avec cela, d'épais cheveux tombant sur le front, des sourcils hauts, arqués en hyperbole, de beaux grands yeux noirs toujours ouverts sur l'infini et qui semblaient composer toute sa figure ; distrait comme Ménalque et plus que Ménalque. Mais cette distraction venait de la contemplation perpétuelle des vérités les plus sublimes. Il y avait chez lui de l'enfant et du Keppler, au moins par l'enthousiasme délirant pour les formules qui règlent l'univers. M. Chachuat avait deux grandes passions, l'une pour le calcul intégral, l'autre pour les contes de fées. Il trouvait dans les infiniment petites créatures des contes de Perrault je ne sais quel rapport avec les quantités infinitésimales. Quel qu'il fût, ce rapport me convenait d'avance ; je ne devais pas chicaner sur ce point. D'ailleurs, toujours sur le trépied, il étouffait dans les mathématiques élémentaires ; il brûlait d'exhaler quelque part cette ménade mathématique, cette Muse-Uranie qui l'inspirait au point de le faire bredouiller en parlant. Il me trouva. Son enthousiasme me gagna pour ce que j'ignorais complètement ; dès le premier mot, je lui donnai l'occasion de me confier cette flamme vraiment sacrée qu'il n'osait montrer à personne; ce qu'on en apercevait malgré lui ne donnait déjà que trop de prise à la malice des écoliers.

J'avais, entre mille autres, un préjugé qui m'était commun avec la plupart des hommes. A force d'entendre répéter que les mathématiques tarissent l'imagination, j'avais fini par le croire. Voyant déjà mon fonds si faible, me défiant à outrance de mes forces, je ne craignais rien tant que de les appauvrir encore. Je l'avouai à mon maître dès la première heure; je lui marquai toute ma répugnance à m'engager dans une science qui devait étouffer les voix confuses que je sentais s'éveiller.

Cet aveu fit bondir M. Chachuat. Il me démontra que les hautes mathématiques ont leur imagination ample et même démesurée; pour le prouver, il eût pu citer son propre exemple; il ajouta que pour résoudre telle équation qu'il me cita, il fallait une inspiration aussi spontanée que pour composer une olympique de Pindare. J'en restai persuadé. Il fit mieux que de m'enseigner les mathématiques, il me les fit aimer. C'est en effet la seule étude dans laquelle j'aie profité sous un maître.

Pour la première fois je me donnai à un guide; ce travail entrepris avec tant de répugnance fut celui qui m'a laissé les meilleures traces, les plus utiles. Rien de ce qui pouvait parler à la fantaisie ne fut oublié. Les cent bœufs sacrifiés par Pythagore jouèrent naturellement un grand rôle dans notre géométrie. Pour m'attirer plus loin, mon maître me montrait en perspective, dès les premiers pas, les cimes les plus hautes du calcul différentiel. Alléché par cet appât, entraîné vers ces grands inconnus, je marchais sans fatigue, à peu près comme un enfant que l'on trouve égaré dans les Alpes. On lui montre les cimes blanches de la Jungfrau; il croit déjà y toucher de la main, et il ne fait pas attention aux cailloux de la route. Moi aussi, du fond de mon ignorance, je montais, je m'élevais peu à peu; les yeux attachés sur ces sublimes hauteurs, je ne sentais en rien l'aspérité des choses. Je crois que par cette méthode qui semblait faite pour moi, mon maître m'eût conduit où il eût voulu; il m'eût fait entrer dans le sanctuaire, sans fatigue, sans effort, tant son enthousiasme me portait aisément vers les régions éthérées où il habitait jour et nuit.

Le moment arriva néanmoins où je dus me séparer de lui pour entrer dans les mathématiques spéciales. De ses mains naïves, je passai entre les mains de M. Clerc : visage austère, buste de philosophe grec, le front large et sillonné, tout chez lui marquait la règle, la correction, la méthode rigoureuse. M. Clerc était un des meilleurs professeurs et des plus savants hommes de France; il était de l'école des Laplace et des Lagrange. Je restai deux ans sous sa sévère discipline. Il ne s'agissait plus de la partie légendaire de la science. C'était le nerf des choses, sans nulle complaisance pour la fantaisie de qui que ce fût. Malheur à celui qui restait attardé en chemin! Celui-là perdait le fil du labyrinthe et ne le retrouvait plus. Je ne me perdis pas, car j'ose dire que je sentais la sublimité, la poésie inexprimable des mathématiques; les ailes du bon M. Chachuat me soutenaient encore de loin à loin.

L'étrangeté de cette science m'étonnait; rien ne m'y avait préparé dans ma vie. Tout était également nouveau, inattendu, comme si j'eusse respiré sur une autre planète perdue aux confins de l'univers. Et je n'étais pas assez fantasque pour ne pas jouir de ces vérités inébranlables, les mêmes partout, les seules qui m'eussent donné jusque-là le sentiment de la certitude. C'étaient à mes yeux comme des colonnes d'émeraude, fixes, immuables, qui se dressaient tout à coup au milieu du chaos de mon intelligence en ferment. Je m'appuyais avec sécurité sur ces colonnes; le monde se raffermissait à mes yeux, et j'osais m'engager plus avant.

11

J'aimais comme un pythagoricien la pureté incorruptible
de la géométrie. M. Clerc, intraitable sur les figures que nous
devions tracer comme au burin, faisait de cette incorruptibi-
lité un devoir. La langue de l'algèbre, mystérieuse et lumi-
neuse, me saisissait. Ce que j'admirais surtout dans cet idiome,
c'est qu'il ne consent à exprimer, à articuler que des vérités
générales, universelles, et qu'il dédaigne les vérités particu-
lières. Je lui attribuais en cela une fierté que je refusais aux
idiomes humains; à ce point de vue, l'algèbre me semblait
la langue du Dieu de l'esprit.

Je comprenais assez bien aussi le genre de style propre à
l'algèbre; j'étais frappé de l'art avec lequel les mathématiciens
éloignent, rejettent, éliminent peu à peu tout ce qui est inutile
pour arriver à exprimer l'absolu, avec le plus petit nombre
possible de termes, tout en conservant dans l'arrangement
de ces termes un choix, un parallélisme, une symétrie qui
semble être l'élégance et la beauté visible d'une idée éternelle.

Cela me donnait l'idée d'un certain style bref, serré,
radieux, et commençait à me corriger des longues phrases
traînantes des *Mémoires d'un homme de qualité*, que je lisais
vers ce même temps, par la même occasion.

Si l'algèbre m'avait frappé, je fus ébloui par l'application
de l'algèbre à la géométrie. Les *sections coniques* me jetèrent
dans un véritable ébahissement, bien plus que les *Mille et
une Nuits*. Les propriétés surprenantes de ces courbes me
confondaient. J'avançais de prodige en prodige; quelques
bribes que j'avais aperçues de Malebranche et même de
Spinosa dans notre *Philosophia Lugdunensis*, venant à mon
secours, il me semblait qu'au milieu de ces courbes sublimes
je touchais à l'atelier de la Création. Tant que je comprenais,
j'habitais, moi, pauvre étincelle, au foyer de Dieu même.
L'idée, la possibilité d'exprimer une ligne, une courbe par
des termes algébriques, par une équation, me parut aussi

belle que l'*Iliade*. Quand je vis cette équation fonctionner et se résoudre, pour ainsi dire, toute seule, entre mes mains, et éclater en une infinité de vérités toutes également indubitables, également éternelles, également resplendissantes, je crus avoir en ma possession le talisman qui m'ouvrait la porte de tous les mystères.

Ainsi les mathématiques me donnaient le goût de la lumière; elles furent longtemps ma seule école de rhétorique. Dès ce moment j'aspirai, du fond de ma nuit, à la clarté, et n'ai plus cessé d'y aspirer, même dans les premiers temps où trop de tendances opposées et le bruit intérieur de mes jeunes années me laissaient en proie à une confusion qui me désespérait, car je voyais le chaos et ne pouvais en sortir.

Je dois aussi en partie aux mathématiques mon aversion pour les paradoxes, et il est de fait que je ne m'en suis jamais permis un seul, tout en sachant parfaitement qu'ils sont le moyen le plus sûr, le plus facile de se faire écouter d'une société usée ou corrompue.

Tant qu'il fallut avancer, gagner du pays, la curiosité me soutint dans ces sublimes études. Plus tard, lorsqu'il fallut revenir sur ses pas, quand la science ne fut plus le but, mais l'examen, je me sentis refroidi. Je tombai des nues sur la terre; d'autres idées aussi m'envahirent.

Le jour passait dans ces travaux. La nuit, pour m'en délasser, j'allumais une petite lampe sourde; quand tout le monde dormait autour de moi, et que j'étais bien sûr qu'aucun rayon de ma lampe ne pouvait me trahir, je revenais aux poètes. Sans sortir de mon lit, je me donnai, dans le repos de ces nuits, l'italien qui me parut d'abord un jeu, mais que j'appris bien avec méthode. Dans le profond silence de minuit à quatre heures du matin, je lus pour la première fois, dans l'original, Dante, Pétrarque, Arioste, le Tasse; j'entrevis Machiavel. Il m'est toujours resté depuis, en relisant ces grands hommes, l'impression matinale de ces

moments pris au sommeil. La solennité des heures qui sonnaient aux horloges de la ville m'est restée présente. Quelquefois, vaincu par le sommeil, je me rendormais en balbutiant ces vers, qui brillaient à mes yeux comme la pourpre;
ils faisaient pâlir mes Latins. Dès lors j'aimai l'Italie; je me
jurai de ne pas mourir sans la voir, et n'ai plus cessé de
m'occuper d'elle. Ces heures nocturnes sont des plus douces
de ma vie. Soit complaisance de mon bon génie, l'abbé Rousseau, soit oubli, je ne fus jamais surpris et ne fus interrompu
qu'une fois, vers minuit, par un cri lugubre : Au feu! Toute
la maison se trouva bientôt sur pied. Mais j'avais soufflé ma
lampe; mes grands Italiens dormaient en sûreté sous mon
chevet.

VIII

Où, comment, par quel moyen trouvais-je avec tout cela
le temps de produire un déluge intarissable de vers de toute
nuance? J'en couvrais mes papiers, mes lettres, mes livres;
quand le papier me manquait, je les laissais déborder jusqu'à
la marge de mes sections coniques et de mes équations, à
l'extrême mécontentement, à l'indicible aversion de M. Clerc.
Il éclata plusieurs fois et toujours vivement.

Quel était le sujet inépuisable de ces compositions? Je n'ai
guère besoin de le dire.

Ce n'était pourtant pas des vers d'amour dans l'acception
ordinaire de ce mot; mais des cris, des accents de douleur,
une lutte ardente contre mes sentiments à mesure qu'ils
renaissaient, la volonté de les extirper, l'indignation d'un
combat à outrance si long, si opiniâtre, des chants de victoire, puis des aveux de rechute; et alors quelles imprécations
contre moi-même, quelquefois aussi contre la personne dont
le souvenir obstiné me poursuivait, quoiqu'elle fût très inno-

cente de ce tumulte intérieur! Il est certain que ces premiers
vers m'aidèrent beaucoup à me vaincre. Ma peine devenait
supportable, quand je l'avais exprimée bien ou mal. J'apprenais ainsi qu'une pensée cuisante que l'on a enfermée dans
un mètre se transforme en une certaine douceur. Au reste,
ces vers disaient mal ce que je voulais dire; j'étais esclave
dans ces rythmes que je ne dominais pas : nouvelle source
de mécontentement.

A mesure que je composais cette quantité innombrable de
vers, j'avais le bon sens de les brûler, non pas cependant sans
les avoir communiqués à mon Aristarque, ma mère. Ses cri-
tiques n'étaient ni aveugles ni décourageantes; elles ne devenaient railleuses que lorsque je tombais dans une mélancolie
trop noire ou dans l'imitation de mes Latins, ce qui était
presque inévitable. Alors elle était sans pitié : « Je vois avec
plaisir, m'écrivait-elle, que malgré ta furieuse passion tu ne
dédaignes pas trop, chemin faisant, de faire main basse sur
Properce et sur Tibulle, et cela me rassure pleinement sur
ton compte ».

Cette raillerie que je sentais méritée me perçait; je me
redressais sous l'aiguillon; cela aussi m'aidait à m'aguerrir.
J'avais d'ailleurs un autre grand sujet de poème, c'est celui
qu'après quarante ans j'ai repris en prose dans ces pages.
J'avais entrepris une chronique en vers de mes *Souvenirs
d'enfance.* Je conduisis au terme cet ouvrage assurément plus
bienfaisant pour moi que mes élégies *grecques* ou *romaines.*
La nature me poussa à me rattacher à ces souvenirs, au
moment où j'en avais le plus besoin;

Pour être encore heureux, soyons encore enfant!

Tant je me sentais déjà séparé de l'enfance et même de
l'adolescence! Je m'attachais à ce rivage, à mesure qu'il
s'éloignait. Je m'avançais avec inquiétude vers l'avenir
inconnu; j'aurais voulu dès lors fixer mon cœur, mon imagi-

nation dans les jours déjà irréparablement écoulés. Je me
sentais oppressé de ce grand soleil qui éclate avec la jeunesse ;
je cherchais à me replonger dans l'aube et la première rosée
des premiers jours. Ce que j'avais éprouvé de la vie me remplissait d'effroi ; je me retournais en arrière vers des temps
sans mémoire.

IX

Plongé dans ces rêves, il eût été facile à mes camarades de
me troubler, de me persécuter même, comme il arrive ordinairement. Je le craignais, et j'eus grand tort. Quoique je me
fusse fait une existence très à part, nul d'entre eux ne tâcha
seulement de la déranger. C'est ce qui m'attache si fortement
aujourd'hui à leur souvenir. Dans un si grand nombre de
jeunes gens déjà tout formés, il n'en est pas un seul dont le
nom ne me rappelle quelque qualité aimable, sérieuse ou éclatante. Pour voisin de table, j'avais à droite mon compatriote
de Bourg, Jayr, qui devait être l'un des derniers ministres de
la monarchie de Louis-Philippe ; pour vis-à-vis, le docteur
Trousseau, qui ne l'était encore qu'en herbe, mais dont l'esprit
était déjà presque mûr.

Jules Janin était plus jeune que nous de deux ou trois ans.
Ah ! le bon compagnon ! La jolie tête enfantine, espiègle,
épanouie ! Les beaux cheveux noirs bouclés ! Et quels francs
rires de lutin dans nos corridors sombres ! Les murs doivent
s'en souvenir. Quelle joyeuse, gracieuse ignorance de soi-
même ! Il jouait alors aux billes ; il jouait surtout de la harpe
et bien mieux que le roi David. Aussi faisions-nous de saints
concerts dans l'église à l'élévation et au salut, Janin jouant
de l'instrument du prophète, moi du violon, son maître,
M. Bédard, de la basse ; un autre, de l'alto. Notre maître de

philosophie chantait des alléluias d'une voix claire et vibrante. Ces concerts de séraphins nous donnaient, le jour où ils avaient lieu, de grands privilèges, tels que celui de manger à une table d'honneur, en compagnie de messieurs les chantres.

Parmi tant d'amis, j'en avais deux principaux que la mort m'a ôtés. Le premier, Eugène Brun, avait devancé toute l'école romantique par son amour du bizarre, du fantasque. Son histoire est celle de beaucoup d'hommes de notre génération. Eugène Brun s'était vieilli volontairement par la lecture assidue, continuelle d'un seul auteur, J.-J. Rousseau; encore, dans cet auteur, ne goûtait-il qu'un seul ouvrage et le pire : les *Dialogues*, où s'exhale la bile, la mélancolie maladive de l'auteur d'*Émile*. A quinze ans, mon ami Brun avait toute la sensibilité amère, toute la misanthropie incurable de J.-J. Rousseau à soixante. Et ce qui y mettait le comble, c'était la langueur, la douceur angélique dont il recouvrait ses jugements atrabilaires. Outre son originalité qui était véritable, cette seconde originalité acquise était devenue une maladie réelle; elle m'inspirait autant d'étonnement que de pitié. Car j'étais tout le contraire, prêt à me passionner pour tout ce que je voyais, autant que lui à tout critiquer dans les œuvres, non seulement des hommes, mais du Créateur.

J'éprouvai cruellement cette misanthropie dans un petit voyage à pied que nous fîmes ensemble, au sortir de notre coquille, pour visiter les Alpes. A peine fûmes-nous au pied de ces géants, et eûmes-nous aperçu leurs cimes, sa verve s'échauffa contre l'univers. Le ciel, la terre, l'eau, les rochers, tout était misérable. Quoi! étaient-ce là les Alpes! Quelle pitié, bon Dieu! Autant vaudraient des taupinières!

Disant cela, il corrigeait dans sa tête la forme des lieux, il rasait le Mont Blanc, il ébréchait la Faucille, il extirpait la Dent de Jaman, il donnait en passant un coup d'épaule au

pays de Gex qu'il noyait dans le lac de Genève. Bref, il ne
laissait pas pierre sur pierre de tout l'édéfice du Jura et des
Alpes, tant de Suisse que de Savoie. Je l'écoutais ébahi,
d'autant plus qu'il parlait bien, avec conviction, et je l'aimais
sincèrement.

Nous passâmes à Ferney. Je courus au château de Voltaire, qui n'était qu'à une centaine de pas. Mon méprisant
ami ne daigna pas se déranger. Il s'assit en m'attendant sur
un tas de pierres et tourna le dos pour ne pas voir la demeure
du contradicteur de Rousseau. Il se réservait exclusivement
pour la maisonnette de Jean-Jacques, que nous visitâmes en
effet le lendemain; encore en critiqua-t-il amèrement l'en-
seigne, l'ameublement, la distribution, qui ne répondaient
nullement à l'idée qu'il s'en était faite. Mon premier ravissement des choses ne fut pas entamé par ce terrible compagnon; mais je pensai qu'un juge si intraitable m'était envoyé
du ciel comme un excellent conseiller inaccessible à toute
complaisance. Aussi fut-il le seul auquel je confiai le secret
de mes œuvres littéraires. Il les lut; il les traita comme il
avait fait des Alpes, c'est-à-dire qu'il les mit en poudre. Et
pouvais-je m'en plaindre? Aussi restâmes-nous jusqu'à la fin
les meilleurs amis du monde.

S'il eût vécu, il eût certainement fait parler de lui.

Le second de mes amis, Gelin, était un sage. Des cheveux
blonds, de grands yeux épanouis, parlaient tout d'abord pour
lui, car il était de son naturel fort taciturne. Quelle âme
droite, forte, tempérée! Si je ne l'avais connu, je n'aurais pu
croire qu'une si grande égalité d'âme, un si parfait équilibre
fussent possibles dans un âge si tendre!

Toutes mes agitations se passaient sous ses yeux, et il n'en
vit jamais rien, tant elles lui étaient alors étrangères. Il devint
officier, et fut dans les guerres d'Algérie ce qu'il avait été au
collège. Calme, imperturbable, il y avait peut-être en lui
l'étoffe d'un Catinat. Malheureusement, des injustices le

dégoûtèrent; il quitta le service et mourut peu de temps
après, comme il avait vécu, avec placidité, en prenant un
bain de pied dans un ruisseau.

X

Le jour vint de l'examen pour l'École polytechnique. Je
savais combien il était important pour mes parents que je ne
me tirasse pas trop mal de cette épreuve; cette pensée suffisait pour me troubler. Que serais-je devenu si j'avais su que
mon père se trouvait dans la salle? Par bonheur, je l'ignorais.
L'examinateur était M. Raynaud, dont je connaissais les
ouvrages. J'aurais pu répondre certainement mieux que je
ne fis. L'honneur resta sauf, mais ce fut tout. Je fus jugé
admissible et mon sort demeura incertain. Mon père eut la
générosité de se montrer satisfait de ce résultat, *vu mon âge.*
Comme en effet j'étais dans ma dix-septième année, il n'y
avait pas trop à se désespérer, si cette première épreuve
n'avait pas été plus décisive. Il me restait trois ans encore
pour la recommencer.

Rassuré de ce côté-là, choyé même, je dis adieu au collège
pour n'y plus rentrer. Dans ma première extase de liberté, je
voulus arriver à pied à Certines. Un brouillard épais empêchait de voir à deux pas de distance; je m'égarai. Je portais
au bout d'un bâton deux objets dont je n'avais pas voulu me
séparer, mon violon et ma Bible latine in-quarto. A chaque
instant j'étais arrêté par quelque tronc d'arbre qui se dressait
devant moi. Tout à coup un coin de mur se dessine dans le
brouillard; c'était une des fermes voisines de la maison. J'y
touchais au moment que je m'en jugeais éloigné à plusieurs
lieues. Ce moment de surprise, où tous les objets m'apparu-
rent, est un des plus délicieux dont je me souvienne.
J'entourai de mes bras les vieux arbres qui me reconnais-

saient, tout changé que j'étais. De là je tirai cet augure,
qu'égaré dans le monde intellectuel où je ne faisais qu'entrer,
la confusion dans laquelle j'étais plongé aurait un terme; la
brume immense se dissiperait, j'apercevrais enfin le jour,
vers lequel j'aspirais du fond de mes ténèbres.

Quel retour! quel revoir! Il y en avait eu auparavant
d'aussi charmants; celui-ci fut le dernier de ce genre. Aucune
ombre ne s'y mêlait, aucun souci de mon avenir; j'étais
encore sous les ailes maternelles; l'instant où je passais de
l'adolescence à la jeunesse était regardé comme une dernière
trêve qui nous était donnée. Nous sentions que cet instant
serait rapide, qu'il ne reviendrait pas. Nous résolûmes d'en
jouir sans appréhension ni trouble d'aucune sorte.

Les premières heures se passèrent à nous étonner les uns
des autres. Combien j'étais surpris de retrouver dans ma
sœur, au lieu de l'enfant que j'avais laissée, une grande,
svelte, et pourquoi ne le dirais-je pas, une charmante jeune
fille! De son côté, combien n'était-elle pas stupéfaite des
changements qui s'étaient faits en moi, dans mon visage,
dans ma voix, dans mon air! Et nous avions l'un pour l'autre
la prétention que tous ces changements se fussent accomplis
à notre avantage. Nous nous regardions des matinées entières
pour nous reconnaître, pour nous retrouver, pour nous découvrir de nouvelles perfections. Nous lûmes ensemble Golds-
mith, Walter Scott, Byron, Cooper, qui nous étaient nouveaux à tous deux. Je ne voyais pas entrer en scène une
seule des jeunes héroïnes des lacs d'Écosse sans interrompre
et sans m'écrier : « Oh! pour celle-là, c'est toi! » De son
côté, ma sœur ne voyait pas dans ces mêmes livres un inté-
ressant corsaire, un beau pirate, un aimable braconnier, un
noble banni, chef de clan, sans déclarer que je lui ressemblais
trait pour trait. Je me défendais, elle insistait. Nous prenions
ma mère pour arbitre. Ma mère laissait à son tour le vase
de fleurs qu'elle dessinait. Elle jugeait en dernier ressort et

presque toujours favorablement, nous mettant l'un et l'autre
fort au-dessus de nos héros et de nos héroïnes, sûr moyen
d'accorder le différend.

Ainsi se passaient dans l'union la plus parfaite qui fût au
monde ces derniers jours de paix, de quiétude qui ne devaient
plus revenir. On m'interrogea sur mon ancienne passion; je
déclarai fièrement que je l'avais vaincue. J'y avais réussi par
de constants efforts contre moi-même. Cette victoire remportée
obscurément me donnait quelque assurance; sans vouloir me
mettre à de trop rudes épreuves, on consentit à me croire.
Moi-même je ne m'exposai pas à revoir celle que je craignais
encore, et ne l'ai revue de ma vie.

De ce moment, il fut convenu entre ma sœur et moi que,
tout bien considéré, nous étions seuls faits l'un pour l'autre;
nous passerions nos jours ensemble; tout autre attachement
trop vif serait, après cette parole donnée, une véritable infidé-
lité; l'amitié était cent fois meilleure que l'amour, je venais
d'en faire l'épreuve. Nous devînmes dès lors inséparables;
nous goûtâmes tout ce que l'amitié la plus parfaite peut créer
de joie ineffable entre un frère et une sœur, l'une entrant
dans l'adolescence, l'autre prêt à en sortir.

Ma sœur eût très mal accueilli mes compositions, à cause
du sujet qu'elle désapprouvait hautement. Je me gardai de les
lui montrer, et en vérité nous avions bien mieux à faire!
Nous gravions l'un pour l'autre des devises éternelles sur
l'écorce des arbres. Les siennes étaient presque toujours sen-
sées, charmantes, par exemple celle-ci qu'elle grava sur un
jeune platane :

> Puissé-je croître en sagesse, autant que ton feuillage !

Si je prenais un fusil et si j'allais faire la guerre à quelque
malheureuse volatile perchée dans le verger ou tapie dans les
blés, ma sœur était toujours là, sortant à l'improviste d'une

broussaille, d'une verchère ou d'un sillon; et par ses cris, ses
gestes, elle faisait déguerpir l'oiseau et lui sauvait la vie longtemps avant que j'eusse pu approcher. Elle me faisait honte
de mes sottes tueries; j'y renonçai bientôt.

En revanche, elle était implacable pour les serpents, et
nous en rencontrions souvent; il y avait surtout de beaux
serpents d'eau qui fuyaient devant nous avec majesté, debout
dans les ruisseaux, le corps bleu, flambant, dressé entre
les deux rives, la tête à aigrettes, sifflant à travers les fleurs
blanches des nénufars. Quand j'avais à la fin abattu le
monstre, on ne me marchandait pas l'éloge.

Durant l'ardeur du jour, luttant avec les cigales, nous
remplissions nos sombres futaies de nos duos de Grétry :

> Entends-tu gronder le tonnerre?

Pendant ce temps, l'épervier planait sur nous et tout à
coup partait d'un vol affairé. Le fléau des batteurs accompa-
gnait nos conversations, nos chants, nos silences de son
rythme précipité qui marquait ces instants rapides. Nous
suivions dans l'air la paille légère et nous ne demandions
rien de plus.

Se peut-il que ces heures n'aient laissé aucune trace dans
ces lieux, que tout soit redevenu silence, que l'herbe ait
poussé sur le seuil, sur l'escalier, sur le foyer, comme si des
milliers d'années avaient passé sur nous? Pourtant moi je
sens bien que je vis encore!

A certains jours, nous faisions de grandes chevauchées
dans la montagne du Revermont. Nous allions jusqu'à Neu-
ville et à l'entrée du défilé de Cerdon. Nous nous arrêtions
sur les cimes. De là, le paysage nous montrait à la fois ses
deux faces opposées (car il en a deux), l'une pleine de doux
reflets, de molles haleines, de petites prairies arcadiennes,
l'autre, tournée au couchant, pleine d'ombres sinistres, de

Nous faisions de grandes chevauchées dans la montagne de Revermont.

marécages, de solitudes sauvages, de mystères insondables, perdus dans les déserts des Dombes; et ces deux faces de sérénité et de mélancolie qui alternaient dans ces lieux se disputaient en moi, sans que je pusse les accorder. Au soleil couchant brillaient devant nous, à nos pieds, nos quinze cents étangs comme des lacs d'or, frangés de pourpre dans les profondeurs noires des forêts de chênes centenaires. Nous nous figurions être dans les solitudes primitives inhabitées des savanes d'Amérique; nous y allions comme nos héros, en quête d'aventures. Bientôt nous nous retrouvions face à face dans la plaine de la *Crau* [1], avec les ruines du vieux château de Montmort. Le grand spectre de pierre surgissait tout à coup devant nous, pâle au milieu des pâles brumes du soir. Ce manoir aux trois quarts écroulé, l'un des plus anciens du pays, nous regardait de sa mine la plus renfrognée, la plus sournoisement indignée, où se peignaient toutes les menaces, tous les ennuis, toutes les rancunes de dix siècles de silence contre la jeunesse, contre le soleil, contre la vie renaissante.

C'était là plus qu'il n'en fallait pour nous jeter le reste de la soirée en plein moyen âge; et Dieu sait dans quelles rêveries nous nous perdions l'un et l'autre! Quels paladins, quelles châtelaines de la cour de Savoie! Car les imaginations de tout le monde s'envolaient alors vers le moyen âge; les nôtres s'y précipitaient du même élan.

Quelquefois, rarement, survenait un visiteur, un seul. Bon voisin, complaisant, bien pourvu de poules d'eau, homme de sens, un peu rouillé dans nos maremmes, il n'avait qu'une corde à son souvenir, mais il y revenait sans cesse. Quartier-maître de l'an III, il racontait invariablement, pour la vingtième, pour la centième fois, l'histoire du bataillon de l'Ain, sa formation d'abord, puis son approvisionnement, son équi-

---

1. On parle comme d'une merveille celtique de la *Crau* de Provence. Nous en avons aussi une à Certines.

pement, en dernier lieu ses vicissitudes. Mon père, que la
distraction gagnait dès le premier point, répliquait à propos
par une théorie sur la vis d'Archimède; il en avait tout justement fait construire une fort belle pour dessécher les Léchères.
Quatre ailes de moulin à vent, qu'il y avait ajoutées de son
chef, en faisaient la chose du monde la plus rare et la plus
recherchée du pays.

Ces agréables conférences terminaient la journée. Mais
depuis longtemps nous avions disparu, ma sœur et moi,
sitôt que l'approvisionnement du bataillon s'était trouvé à
peu près assuré. C'était entre ma mère et nous le signal
convenu.

XI

De mes excursions, je rapportai l'idée d'écrire un petit
ouvrage en prose sur nos ruines de Bresse. J'en rapportai
surtout l'empreinte ineffaçable des lieux. Chaque jour ils
pesaient davantage sur moi. Ils s'y imprimaient avec une
puissance qui tenait à leur caractère étrange, extraordinaire.

Le plus bizarre, c'est que je luttai contre la fascination de
cette nature pleine de vertige sitôt qu'elle m'apparut, comme
j'avais lutté contre les premières visions de mon cœur. Mais
que le succès fut différent! Nous avions repris, mon père et
moi, l'œuvre désespérante, infernale du desséchement de nos
marais. Ils furent plus forts que nous, si bien que nous ne
pûmes même les entamer. Physiquement, ils me vainquirent;
moralement ils me vainquirent encore. Moi qui devais tant
accorder à l'influence des choses inanimées sur l'homme, je
ressentis cette influence autant que créature au monde peut
l'éprouver. Elle me possédait, elle me tyrannisait. Ceci
mérite que je m'y arrête un moment.

Ma nourrice souvent cruelle, mon maître, mon précepteur, ç'a été la nature inculte qui nous entourait dans un pays *où les sépultures surpassent les naissances*[1].

Encore aujourd'hui je me sens le fils de nos grands horizons dépeuplés, de nos landes, de nos bruyères, de nos sillons de pierres de granit roulées dans la *Crau*, de nos maremmes inhabitées, de nos étangs solitaires, lacs boisés qu'aucun vent ne ride jamais et dont la sérénité est si trompeuse. Pour peu que je descende en moi, ce sont eux que je retrouve.

C'est à eux que je dois l'instinct irréfléchi des choses primitives, et d'un certain monde un peu barbare dans sa nudité première. Si j'avais laissé son cours naturel à cet instinct, je n'aurais pu me détacher de la pensée de l'univers naissant; je me serais perdu dès l'enfance dans la contemplation de la dernière flaque d'eau du déluge.

En récompense, de quelles ombres m'ont enveloppé ces lieux sauvages! Sitôt que je passais la lisière des Dombes et de la *mauvaise* Bresse, j'entrais dans un monde fantasque. Là étaient réalisées, édifiées les visions de la fièvre : de loin à loin la cabane en argile d'un paludier, abandonnée sur une plage; de vieux manoirs déserts sur un îlot, sans hôte, sans pont, sans barque pour y aborder; des églises égarées, seules dans un champ de hautes fougères presque arborescentes. Voilà ce qui restait d'une population disparue, que d'autres populations avaient tenté vainement de remplacer; celles-ci avaient péri à leur tour au même foyer de peste, sans laisser plus de traces. Je n'ai rien vu de semblable, excepté dans quelques-uns des coins les plus perdus, les plus hagards de la campagne de Rome et des marais Pontins. Car nous aussi, nous avons nos villes englouties, Villars, Saint-Nizier-le-Désert.

1. Voir *l'État de siège*.

Quand je passais dans ces solitudes, un cortège de voix
mélancoliques, inarticulées, lamentables, sortait de terre à
mon approche et s'attachait à moi! Comme ces voix ont
retenti longtemps à mes oreilles! Comme elles ont couvert
longtemps le bruit des hommes! Elles me suivaient à la
ville, sans vouloir cesser leurs conversations commencées
dans les roseaux; il en est resté un écho dans *Ahasvérus*.

Toute ma jeunesse a été embarrassée, enveloppée de cette
influence d'une nature primitive qui n'était pas encore
domptée, réglée, asservie par l'homme. Elle agissait sur
moi en souveraine. Ne sachant à qui se prendre, au fond de
nos solitudes, c'est moi qu'elle obsédait de ses plaintes, de ses
sanglots, de ses misères, de ses impénétrables, contagieuses
désolations. Elle me plongeait dans une atmosphère où les
hommes ont peine à vivre, toute pleine d'aspirations sans
but, d'espérances sans corps, d'êtres imaginaires qui ne sont
plus possibles dans le milieu actuel.

Le mal nourrit le mal; je prenais insensiblement plaisir à
ces morsures invisibles, empoisonnées, et ne voulais en
guérir qu'à demi. J'étais égaré dans un vague infini tracé
autour de moi. Quel long circuit avant de revenir à un
point précis, à un objet distinct! Quels efforts pour me
régler, quand tout était déréglé autour de moi, quand les
choses ne m'offraient que l'image d'un monde où la main de
l'homme ne se faisait presque pas sentir! Je méprisais l'art
comme un artifice. Tout ce qui n'était pas inculte me semblait
apprêté. On m'accusait de vague, de germanisme. Que
n'accusait-on aussi les lieux, les choses, les bruits indistincts,
les plages sans bornes, les nuées, filles voilées, vagabondes
de nos lacs souterrains? Voilà mes vrais complices. C'était
beaucoup d'échapper au vertige.

Ceux qui sont nés dans les villes, qui y ont reçu leur éducation, auront peine à comprendre ce que je viens de dire.
Ils ont, dès le commencement, l'avantage de posséder des

éléments plus simples, plus humains qui se trouvent tout coordonnés en eux. Ils doivent donc montrer plus de précocité, et dans cette précocité un esprit plus net, plus précis, plus réglé que nous autres enfants des provinces reculées, des landes désertes, qui avons à compter non pas seulement avec l'homme, mais avec la nature. Et quand celle-ci, au lieu d'être tempérée par la culture, est encore dans sa sauvage nudité, dans sa grandeur démesurée, monstrueuse, c'est une difficulté de plus, attachée à l'éducation de nous-mêmes.

Ajoutez-y l'influence maligne de l'air. Il attaquait le principe de vie, mais sourdement, doucement, d'un souffle emmiellé. On respirait le poison, comme le plus suave des parfums.

Les uns souffraient dans leur corps, d'autres n'étaient atteints que de mélancolie. Je souffrais de ces deux genres de maux, et cent fois plus du second que du premier.

Quand je visitai ces lieux pour la dernière fois, en 1851, presque tous mes compagnons d'âge étaient morts depuis longtemps. J'ai survécu pour raconter leur misère, leur mort prématurée[1].

Cette nature caressante et meurtrière ne me tuait pas comme eux; elle s'en vengeait en m'enchantant et me désespérant à la fois. Pour mes compagnons, c'était la mort; pour moi, pis que la mort : les angoisses, les affres du cœur, les visions effrénées, les découragements sans cause, la langueur énervante qui suit la vision d'un monde qu'on a cru posséder; le mirage d'un désert feuillu, stagnant, sanglotant, où partout s'élève de terre une vapeur colorée, comme à travers un prisme, des derniers feux du jour. Quand ces brumes automnales, rampantes, nées de terre, surgissaient ainsi que des âmes dolentes, à travers les crevasses du sol,

---

1. Voir *l'État de siège.*

en dépouillant leurs robes à chaque buisson, et montaient
lentement vers la lumière, comment ne pas s'élancer vers
elles pour les saisir? Et quand à tous ces fantômes se
joignaient ceux qui naissaient d'un cœur avide, d'une âme
jeune, égarée dans ces maremmes, c'était trop en vérité. Il
ne restait qu'à courber la tête et à laisser passer en silence
le doux fléau.

Plus tard, ai-je dit, j'ai revu cette nature. Alors elle a été
bonne pour moi, mielleuse même. Elle m'a souri. Elle est
devenue ma confidente, dès qu'elle a vu que je survivais à ses
embrassements homicides.

XII

Ma paix était troublée surtout quand j'écoutais la voix intérieure qui m'appelait vers les lettres; car je me défiais de
cette voix, je la regardais comme un démon tentateur qui
voulait m'abuser. Ou si je m'y abandonnais, je sentais
presque aussitôt mon impuissance. Je me voyais seul, sans
guide, sans modèle que je voulusse suivre. Tout était
obstacle. Je m'engageais à la fois dans plusieurs chemins et
ne savais auquel m'arrêter.

Mon âge, ma faiblesse, mon ignorance, mon isolement
étaient pour beaucoup dans cette douloureuse perplexité. La
situation de la France y était aussi pour quelque chose. Si
l'on veut comprendre le délaissement d'un pauvre esprit tel
que le mien, à ce premier réveil, il faut se représenter
qu'aucune des traces qui ont été imprimées par notre génération sur le monde moral n'était alors visible. Cette génération qui devait renouveler tant d'idées, tant d'opinions, et la
langue même, n'avait encore rien produit.

Pas une des idées, des formes nouvelles, n'avait surgi avec

éclat. Aucun des noms nouveaux que nous sommes accou-
tumés à prononcer n'était sorti de l'obscurité. Ceux qui
devaient les illustrer doutaient assurément d'eux-mêmes.
Chaque année je passais plusieurs semaines à Ouilly chez des
amis, sur le revers de la vallée de Saint-Point. Qui savait
qu'il y eût de l'autre côté de la colline un grand poète du nom
de Lamartine, caché sous ces arbres dont l'ombre arrivait
jusqu'à moi? Lui-même se connaissait-il alors?

De quelque côté que je voulusse tourner mes yeux, je trouvais à l'horizon un grand vide; je sentais ce vide dans la
poésie, dans l'histoire, dans la philosophie, en toutes choses;
j'en souffrais parce que j'étais incapable de le combler, et je
ne savais pas que d'autres esprits souffraient du même mal.
Ils étaient occupés chacun du fond de son obscurité à remplir
ces vastes lacunes et les déserts dont j'avais au moins la conscience.

Dans ma première fièvre je tentai à la fois toutes les
routes. Sur chacune d'elles, je rencontrais la même aridité,
la même stérilité à travers tout le monde moral, sans
qu'aucune œuvre eût marqué la direction à parcourir, sans
qu'aucun homme eût dit encore avec force : « C'est ici le
chemin ».

J'étais donc douloureusement navré de ma propre impuissance, et je puis le dire aussi, de l'impuissance de mon temps,
puisque je ne voyais autour de moi ni un guide auquel je
pusse me fier, ni même un compagnon dans la route où je
tremblais et brûlais à la fois de m'engager. J'avais le pressentiment qu'il s'agissait d'un renouvellement presque entier
des choses de l'esprit. Et comme je ne voyais personne y tra-
vailler, je me croyais seul. Cette solitude m'accablait dans le
moment même où tant d'œuvres qui ne périront pas, encore
inconnues, se préparaient en silence et couvaient déjà sous la
terre.

Quoique cette souffrance allât souvent jusqu'au désespoir,

il n'y avait là pourtant rien qui ressemblât au spléen, à
l'ennui de la vie, à tout ce que l'on a appelé le vague des passions, vers la fin du dernier siècle. C'était, il me semble, à
bien des égards, le contraire de la lassitude et de la satiété.
C'était plutôt une aveugle impatience de vivre, une attente
fiévreuse, une ambition prématurée d'avenir, une sorte d'eni-
vrement de la pensée renaissante, une soif effrénée de l'âme
après le désert de l'Empire. Tout cela, joint à un désir consu-
mant de produire, de créer, de faire quelque chose, au milieu
d'un monde vide encore.

Ceux que j'ai interrogés plus tard sur ces années m'ont dit
avoir éprouvé quelque chose de pareil.

Chacun se croyait seul comme moi; chacun pensait, rêvait
comme dans une île déserte. La force renaissante du siècle les
travaillait tous en même temps et ils éprouvaient les douleurs
de la croissance morale qui percent jusqu'aux os. Que de
plaintes furent alors exhalées! Que de larmes sincères
furent versées! La nature aussi se plaint au moment de
produire.

La génération dont je parle ne se connaissait pas encore;
c'est pour cela qu'elle gémissait; mais elle allait bientôt faire
son œuvre. Du moins les semences étaient jetées; elles com-
mençaient à pousser. La France ressemblait à la terre au
sortir d'un long hiver dans les premiers jours de mars. Pas
une feuille, pas une fleur. A peine une herbe courte qui perce
les dernières neiges. Les oiseaux ne sont pas encore revenus;
tout se tait; mais tout est dans l'attente de la saison nouvelle;
le bon grain germe en silence dans le sillon. Le laboureur a
le sûr pressentiment que le blé va lever.

Moi aussi, dans mon isolement, je sentais vers l'automne
de 1820, au milieu de la forêt de Seillon, sur le bord des
étangs, en compagnie des hérons et des sarcelles, cette profonde végétation morale qui travaillait alors sourdement,
obscurément l'esprit français, d'une frontière à l'autre. Et

cette végétation encore souterraine m'enivrait de je ne sais quel souffle auquel je ne pouvais résister.

J'ignorais tous les noms qui allaient surgir, je les aimais d'avance. J'avais un désir maladif de courir au-devant de ces esprits que j'appelais ; j'éprouvais toutes les impatiences d'un oiseau dans le moment de la migration. Non pas que je voulusse partir pour un pays étranger. Je voulais émigrer vers ce nouveau monde moral, vers ces idées entrevues qui me fuyaient à mesure que j'en approchais. Je m'élançais, je retombais presque en même temps ; les ailes me manquaient pour un si grand vol.

Je me relevais pourtant ; et l'idée que nous nous formions tous alors de la France me donnait un grand ressort pour échapper à ce premier accablement. La France, après ses deux chutes, ses deux invasions, navrée, percée au cœur, toute saignante, nous paraissait si belle, si noble, si fière dans ses calamités ! Elle n'était pour rien dans ces opprobres ; ils la rendaient cent fois plus touchante à nos yeux. Il n'y avait pas alors dans le monde entier un seul homme qui ne la crût faite pour la vérité, pour la liberté, pour tout ce qui honore le genre humain. Avec quelle tendresse de fils nous regardions, nous comptions ses plaies ! Qui n'eût voulu les guérir au prix de sa vie ? Qui n'eût voulu lui apporter, en hommage, son travail, son œuvre, son livre, son ébauche, son obole d'idées, à défaut de tout cela une partie de son cœur ?

La France allait renaître, je n'en pouvais douter. Et qui nous empêchait de servir à cette renaissance ? Pourquoi, moi, aussi, n'y porterais-je pas mon grain de sable ? A peine cette idée m'avait-elle apparu, je me sentais transformé. Quelle force pour tout endurer ! quel aiguillon ! Dans ces instants, je me croyais et j'étais vraiment capable de quelque chose. Je voyais comme accompli ce que je désirais avec tant de ferveur.

Je me remettais à l'œuvre. Mais, hélas! aussitôt deux esprits
que je trouvais en moi m'embarrassaient et m'empêchaient
d'avancer : le xviiie siècle qui voulait continuer de vivre, avec
lequel j'avais été élevé, nourri, et le xixe qui prétendait à
naître. Auquel fallait-il obéir? Lequel écouter? C'étaient véritablement deux âmes qui prenaient pour lieu de leur lutte
l'âme de chaque homme de ce temps-là. Je ne voulais renoncer
ni à l'un ni à l'autre, et j'étais trop neuf, trop désarmé encore
pour essayer de les concilier. Que faisais-je alors? Je cédais
tantôt à l'un, tantôt à l'autre, au risque de me disperser moi-
même. Ce violent combat que j'étais incapable de régler était
une autre cause d'angoisse et de douleur profonde; cela ressemblait au supplice de Brunehault.

Pour nous diriger dans ce conflit de deux siècles qui nous
enveloppaient à la fois, nous n'avions que deux figures, M. de
Chateaubriand et Mme de Staël. Mais avec eux le combat,
loin de cesser, recommençait. Car ils étaient aussi différents
entre eux qu'on peut l'imaginer, l'un catholique, l'autre protestante, l'un tourné vers le moyen âge, l'autre vers les
régions incertaines de l'avenir. En les voyant si opposés
d'idées, de sentiments, d'espérances même, on se sentait
plus égaré, plus abandonné que jamais; le choix entre des
routes si diverses, loin d'être décidé par leur exemple, devenait, pour ainsi dire, impossible.

Par une autre contradiction, la langue de M. de Chateaubriand était affranchie et sa pensée semblait ne pas l'être.
Son coloris m'éblouissait sans m'éclairer et ses idées me
repoussaient. Je ne les suivais qu'avec défiance, et ne leur
donnais presque aucun accès dans mon esprit. Au contraire,
le génie de Mme de Staël était libre; c'est sa parole qui semblait enchaînée. A la clarté confuse de ses oracles, je me
disais : « C'est de ce côté qu'il faut avancer! C'est là qu'est
le siècle, la vie, c'est là que sont tous mes pressentiments ».
J'attendais le lever de l'aube, mais je ne voyais rien qu'un

vague crépuscule que no perçait jamais la pleine lumière du
jour nouveau.

De ces deux figures, si je ramenais mes yeux sur ce qu'on
appelait alors les masses, de ce côté l'incertitude, la nuit
étaient complètes. Là, nul désir apparent, nul empressement
pour d'autres idées que celles qu'on croyait posséder; au contraire, le doute, le ricanement, la moquerie, au moindre
effort pour sortir des voies battues; les vieux noms opposés
comme une barrière invincible aux noms nouveaux; nulle
attente, nul pressentiment de quelque chose d'inconnu; la
langue appauvrie par le silence, exténuée, devenue si timide
que toute pensée l'effarouchait.

Si une révolution littéraire, philosophique se préparait, il
était évident qu'elle se ferait non par le vœu du plus grand
nombre, mais par l'élan, la témérité de quelques esprits solitaires qui entreprendraient à leurs risques et périls de réveiller
la foule assoupie. Mais qui osera commencer? Je cherchais au
loin, j'écoutais, je m'écriais en moi-même avec angoisse :
« N'y a-t-il donc personne? »

L'étonnement, l'incrédulité des autres, l'inquiétude de ma
mère étaient la seule réponse. Ces sentiments me gagnaient à
mon tour.

Qui! moi! écrire! Quelle folie! Y avais-je bien songé?
Quand même je le pourrais, l'oserais-je? Savais-je seulement
ce que c'est qu'un écrivain? En avais-je jamais vu de mes
yeux? Courir à la piste d'idées qui n'étaient nulle part dans
l'air, en faire sa vie, son occupation, embarquer sur cette
planche sa destinée, n'était-ce pas la plus vaine, la plus
insensée des entreprises, peut-être même la plus coupable à
en juger par l'effroi de tous les miens?

Je me réveillais alors en sursaut d'un beau songe. Toutes
ces vives lumières de notre génération qui m'avaient apparu
s'éteignaient subitement. Ces gloires prématurées que j'avais
aperçues disparaissaient l'une après l'autre. Tout ce mouve-

ment caché, enveloppé dans une âme solitaire et novice, faisait place à la réalité. De cette attente, de ce pressentiment, de cette fièvre d'espérances, il restait une campagne nue, dépouillée, les rafales de la bise, les lueurs des esprits follets sur de grandes mares plombées, et le gémissement éternel de nos forêts.

XIII

La nécessité de choisir un état me prenait alors à la gorge. Car le moment de faire ce choix ne pouvait plus être différé. La chose eût été possible dans un pays d'universités, où toute curiosité d'esprit trouve aisément son objet. Là, on ose faire ouvertement profession de penser. Parmi nous, il n'en est pas de même. Cela était plus difficile encore dans un temps où des exemples éclatants n'avaient pas encore relevé, illustré l'enseignement. Cette carrière ne présentait guère alors dans nos provinces une autre idée que celle du pédagogue et de sa férule. Je pensais sur cela exactement comme ceux qui m'entouraient.

A cette question fréquente dans nos provinces : « Que faites-vous de votre fils? » je ne voulais pas condamner mon père à répondre : « J'en fais un philologue, un *homme de classe;* je le destine au grec, à l'histoire, à la philosophie, que sais-je? J'en fais un magister de village ».

Je savais que le moindre soldat de fortune chevronné, rentrant au village, y avait cent fois plus de crédit que le plus grand professeur, docteur, écrivain et paperassier du monde.

Lors même que je me serais cru (ce qui n'était pas) l'aptitude nécessaire à une pareille carrière, je me serais bien gardé de donner ce cruel déboire à mes parents ou proches ou éloignés.

C'est avec ma sœur que je traitais l'âpre question du choix
d'un état. Tout en me sermonnant, elle donnait à ses conseils
le seul tour qui pût me plaire dans une affaire de ce genre.
Elle ajoutait à l'expérience de ses treize années l'autorité
des romans que nous avions lus ensemble. Dans une
circonstance si critique, elle prétendait m'appliquer l'exemple
de nos héros. Durant nos longs conciliabules sous les tilleuls
du jardin, elle faisait comparaître devant mes yeux tous les
états, toutes les conditions. Que je daignasse seulement
choisir. En vérité, il le fallait bien, si nous voulions sincèrement réaliser le projet de vivre et de mourir ensemble. Que
je voulusse seulement considérer que le plus sage des hommes
et le plus paternel, le vicaire de Wakefield, avait lui-même
exigé de chacun de ses fils qu'il eût un gagne-pain. Quel
parti Robinson Crusoé n'avait-il pas tiré de ses diverses
professions, constructeur, armateur, architecte, ingénieur,
géographe! Que je m'attache enfin à une seule de ces occupations, et l'on sera content.

De là, nous passions aux détails. On m'accordait que l'état
militaire avait perdu tout attrait depuis que la Restauration
avait eu l'indignité de changer l'uniforme. Il n'y fallait plus
penser. Mais on pouvait être marin. Plusieurs des héros de
lord Byron l'avaient été, par exemple, Conrad. Seulement il
y avait trop de tempêtes; on n'insistait pas sur cette profession.

Restait la magistrature. Walter Scott était greffier. La
médecine était une condition un peu triste, il est vrai, mais
fort indépendante. L'auteur de *Gulliver* n'avait-il pas été
docteur ou médecin, ce qui revenait au même? On pouvait
donc être médecin sans déroger, Dieu merci! Ou ingénieur?
Et nous trouverions les renseignements les plus précieux à
cet égard dans les *Pionniers* de Cooper dont on commençait
à parler.

Tom Jones n'avait-il pas été avocat? ou lui ou son père?

C'était encore là une belle carrière qui s'ouvrait sous mes pas; et nos coffres dans le grenier étaient remplis des vieux livres de droit de notre grand-oncle Jérôme. Je marcherais sur ses traces. Pour l'agriculture, on ne saurait me la conseiller, malgré tout le bien qu'on en disait dans la *Chaumière indienne*. L'air était trop insalubre dans nos campagnes après la moisson. Il faudrait donc laisser les blés sur pied! Négociant, on pouvait l'être, mais en grand, comme dans *Beppo de Venise*.

Quel avait été le gagne-pain de Grandisson, de Quentin Durward, du fiancé de Lammermoor, de Lara, de Manfred? Voilà ce qu'il faudrait d'abord savoir, car c'est assurément la profession qui me conviendrait le mieux. Ne disait-on pas que le jeune Werther avait commencé par la diplomatie? Pourquoi ne serais-je pas diplomate à son exemple? J'avais appris à écouter et à me taire. Mon italien d'Arioste, que je savais si bien, et l'anglais en perspective étaient des portes naturellement tout ouvertes pour les affaires étrangères.

Par ce chemin nous arrivions à quelque consulat dans une île, sans doute dans celle de Paul et Virginie. Là sous un bananier, dans un climat charmant, entourés de nos parents que nous y aurions conduits, nous vivrions ensemble jusqu'à ce qu'une ambassade ou au moins un titre de chargé d'affaires m'appelât en Grèce, en Italie, à Syracuse, dans tous les lieux où j'avais soif d'aller.

Sans rien répondre, j'avalais doucement cet amer calice du choix d'un état, quand il m'était ainsi présenté par ma sœur. Cependant ma mère, qui était de nos délibérations, me devinait; elle nous interrompait. Elle voyait bien, disait-elle, « que j'avais en horreur toutes les professions qui pourraient me faire vivre ».

Mon père décida pour nous tous. Il fut résolu que j'étais destiné à l'École polytechnique; je partirais avec lui, sur-le-champ, pour Paris, avec la perspective de subir un nouvel

examen. Cette décision mit fin à nos délibérations, non pas
à nos incertitudes. Nous partîmes en effet, mon père et moi,
quelques jours après, en novembre 1820.

Ma vie semblait fixée. Mais je devais bientôt apprendre
à mes dépens une chose dont je ne me doutais pas : il n'y a
d'irrévocable que le destin que nous nous faisons nous-
mêmes.

J'interromps à regret ce récit. J'aurais voulu le prolonger
jusqu'au jour de 1825 où, cessant d'être seul, j'ai rencontré
dans M. Michelet l'ami et le compagnon que je cherchais. Il
eût fallu pour cela toucher à des détails contemporains, et
j'ai craint de ne plus être assez libre pour dire simplement la
vérité. Ce petit livre, qui ne serait rien sans elle, y eût
sans doute perdu quelque chose. Si je dois continuer, j'atten-
drai que les années aient mis entre ces temps et nous un
plus grand éloignement et versé encore un peu plus d'oubli
autour de moi.

Depuis mes premières années jusqu'aujourd'hui, j'ai soutenu les mêmes idées.

J'ai adoré la France; j'ai rêvé pour elle la gloire de devenir
l'idéal des peuples modernes [1].

Tant que la parole m'est restée, j'ai défendu la cause des
peuples, des faibles, des nationalités qui demandaient à
renaître [2]. J'ai péri avec elles, il est vrai. Mais je suis enseveli avec l'Italie, avec Venise, avec la Pologne, avec la
Hongrie, avec les Roumains. C'est là un tombeau qui me
plaît. Je ne le changerais pas contre les joies des vivants.

Quand il sera question de patrie, quelques hommes de
bonne volonté se souviendront de moi.

J'ai eu dans ma vie une grande ambition, et l'ai surtout
montrée dans mon enseignement [3]. J'ai tenté de sauver la

1. Voir *le Christianisme et la Révolution française*.
2. Voir *les Révolutions d'Italie, les Roumains, le Portugal,* etc.
3. Voir *les Jésuites, l'Ultramontanisme,* etc.

conscience humaine au milieu des embûches qui lui étaient tendues. Je n'ai rien épargné pour cela.

Beaucoup de personnes, et je pourrais dire le monde entier (car il n'est pas un point du monde d'où ne me soit venue une blessure), m'affirment que j'ai été vaincu dans cette entreprise. Je n'en crois rien.

Je ne sais où l'âme humaine s'est réfugiée, dans quel pays, chez quel peuple. Ce qu'il y a de certain, elle vit ou elle renaîtra.

D'autres choses resteraient à dire qui se présentent en foule. Mais il est quelquefois convenable de mettre un sceau sur ses lèvres. C'est une science que je tiens de mon temps.

TABLE DES MATIÈRES

43-03. — Coulommiers. Imp. PAUL BRODARD. — 4-03.

Reliure serrée

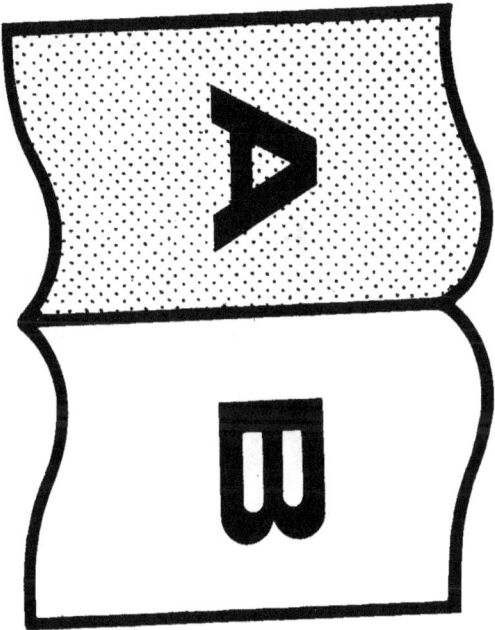

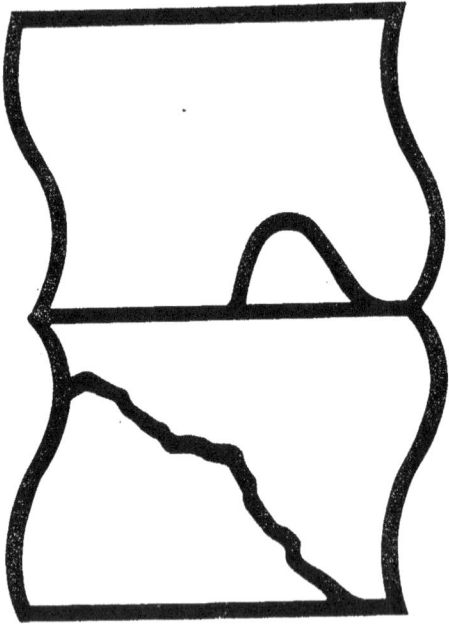

www.ingramcontent.com/pod-product-compliance
Lightning Source LLC
Chambersburg PA
CBHW070625100426
42744CB00006B/603